JN038266

THE PURPLE ROAD

練習生時代の思い出の場所から、
ミュージックビデオの撮影地まで

桑畑優香 訳

KADOKAWA

凡例

①価格をはじめとする情報は、本書の原作が韓国で出版された2023年9月12日の情報に基づいています。
　掲載したURLや二次元コードの遷移先も変更になる場合がありますのでご了承ください。
②BTSのグループ名とメンバーの名前の表記はHYBE公式ホームページ（日本語）に合わせました。
③アルバム・曲・コンサート・TV番組は原題どおりに記載しました。
④本文中の「江原道」＝江原特別自治道の旧称ないし略称、「慶北」＝慶尚北道の略称、「済州道」＝済州特別自治道の略称です。
　また地理上の済州島を言い表す時は「済州島」の呼称を併用しています。

「THE PURPLE ROAD」は韓国経済マガジンの旅行チームが取材したBTSの聖地とARMYおすすめの名所、約130か所を集めた本です。本書で紹介されていないBTSが訪れた名所や名店、思い出の場所がありましたら、お知らせください。取材して、改訂版に反映できるようにいたします。
連絡先：mook@hankyung.com

本書の原作は、2023年9月12日に韓国で刊行されました。

HANKYUNG TREND THE PURPLE ROAD
By HANKYUNG MAGAJINE
Copyright © 2023, HANKYUNG MAGAJINE
All rights reserved
Original Korean edition published by THE KOREA ECONOMIC MAGAZINE
Japanese translation rights arranged with THE KOREA ECONOMIC MAGAZINE
through BC Agency and Japan UNI Agency.
Japanese edition copyright © 2024 by KADOKAWA CORPORATION

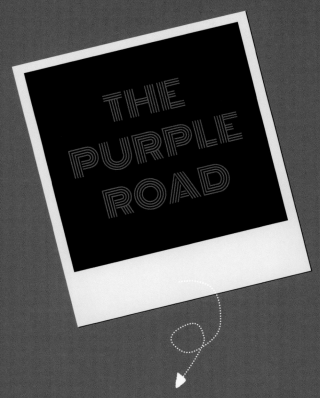

THE
PURPLE
ROAD

練習生時代の
思い出の場所から
ミュージックビデオの
撮影地まで

SCENE#1

2014年8月19日、ソウル龍山区BLUE SQUARE

初のフルアルバム『DARK & WILD』発売記念ショーケースのステージに立ったBTS。ずば抜けた歌唱力と完璧なダンスを披露するため、7人のメンバーは休まず駆けぬけてきた。この日、「これまでリリースしたシングルやミニアルバムが準備運動だったとすれば、フルアルバムは本格的なレースの出発点だと思う」と語ったSUGA。デビューから10年後、彼らは世界的なボーイグループへと成長した。

SCENE#2

2021年6月2日、「2021 BTS FESTA」
オープニングセレモニー

パステルカラーでカジュアルにコーディネートしたメンバーの写真が、BTSの
公式Facebookで公開に。「2021 BTS FESTA」を記念したBTSの
FAMILY PORTRAITだ。この一枚を皮切りに、BTSフォトコレクション、パン
リム家の写真館、2021ARMYプロフィール、2021年度FESTA試験、
ARMY万屋などを配信。毎年、彼らのデビュー日である6月13日を祝うこの
イベントでは、さまざまなコンテンツが次々と発表される。

©BIGHIT MUSIC

©BIGHIT MUSIC

SCENE#3

2021年7月1日、江原道 三陟市孟芳海岸

シングルCD「Butter」のコンセプトフォトが公開。カラフルなパラソルとサンベッドに横たわり、リラックスしているメンバーたち。シングルCD「Butter」は、BTSの公式ファンダム・ARMYの誕生日である7月9日に合わせてリリースされた。CDの販売量集計サイトHanteoチャートによると、「Butter」は発売から1週間で197万枚以上の売り上げを記録した。

SCENE#4

2021年11月22日、
アメリカ カリフォルニア州ロサンゼルス マイクロソフト・シアター

BTSはアメリカン・ミュージック・アワード 2021で、アーティスト・オブ・ザ・イヤーに
輝いた。アジアのアーティストとしては初の受賞。RMはこの日、受賞スピーチで、
いつも以上にARMYへ感謝と愛情を伝えた。「誰も僕たちが受賞するなんて想像
もしなかっただろうけど、ARMYの皆さんだけは違いました。韓国から来た7人の
少年が音楽でひとつになった。全世界のARMY、ありがとうございます」

©BIGHIT MUSIC

SCENE#5

2022年10月15日、釜山蓮堤区釜山アシアード主競技場
（ブ　サンヨンジェ）

2030 釜山国際博覧会（万博）の広報大使に任命されたBTSは、釜山アシアード主競技場で「BTS <Yet To Come> in BUSAN」を開催。万博の誘致成功を祈願したコンサートだ。釜山はメンバーのJIMINとJUNG KOOKの出身地でもあるため、さらに意味深いものに。JUNG KOOKは「僕とJIMINさんの故郷、釜山」「こうしてまた釜山でたくさんのARMYとともに過ごすことができて、ワクワクする」と話した。この日のコンサートは、JTBC、TBSチャンネル1で生中継されたのはもちろん、Weverse、ZEPETO、NAVER NOW.などのオンラインプラットフォームでもリアルタイムで配信され、世界中の人たちの祭典となった。

CONTENTS

083

112

038

099

PART 1
CITY STORY
都市そしてBTS

PART 2
ROAD IN KOREA
韓国BTS聖地巡礼

119

075

103

126

058

PURPLE ROADで
出会った世界のARMY

ペク・ジウン

BTSへの愛情を綴った本
『愛して、昨日よりもっと、
明日よりちょっと』(未邦訳)を
出版した韓国人ARMY

「BTSは、まさに
わたしの運命でした」

BTSについての本を自ら出版するというのは、わたしがファンであるという事実を永遠に刻むこと。ともすれば、人生の黒歴史になってしまう可能性もあると思いました。

「おととしのわたしが今日のわたしをまったく予想できなかったように、来年のわたしはまったく想像できない。だから、自分の本棚にずっと残るこの文章を、こう締めくくりたい。『もちろん、今と同じように幸せなはず』と」

これは2019年末に書いた文章ですが、2023年も変わっていません。BTSのファンだから、もちろん、あの時と同じように幸せだと。

エリカ

BTSをテーマに修士論文を
書くほど、BTSの音楽を
愛するイタリア人ARMY

「今のわたしが
存在しているのは、
BTSのおかげです」

2016年にBTSの音楽に触れてから、韓国の言語・歴史・文化に興味を持つようになりました。2019年に交換留学で初めて韓国を訪れ、ソウルという都市にすごく魅力を感じて、今も住んでいます。BTSはわたしにたくさんのインスピレーションを与えてくれました。彼らの歌う夢・挫折・セルフラブ・自信などに癒され、一歩成長することができました。BTSは、うれしい時も悲しい時もいつも同じ場所にいてくれた、ありがたい存在です！

ハツホ＆カホ
BTSの聖地を巡るために
韓国を訪れた日本人の
姉妹ARMY

「BTSはまるで
ディオニュソスの
ようです」

BTSが書いた歌詞はとても詩的で、風流を愛するディオ
ニュソスを彷彿とさせます。また、彼らはとてもスマートで
正直。誠実で調和を大切にするメンバーたちの姿は、わた
しにとってすごく大きな意味があります。

「いつもBTSのことを
考えながら、もっと
一生懸命に生きようと
感じています」

BTSのメンバーたちはたしかにイケメンですが、世界的
スターになった今も一生懸命練習して、謙虚なところが
本当にかっこいいです。大好きです。いつも元気をもらっ
ています。ありがとうございます！

ヨランダ
出張で韓国を訪れ、
BTS聖地巡礼をした
スイス在住
フィリピン人ARMY

「BTSが好きなら
みんな友だちに
なれます」

気の合うARMYと一緒にBTSの聖
地を回っています。初めて会った人
でも、BTSの話をすると、すぐに友
だちになれるんです。メンバーのす
てきな思い出が残る場所を訪れて
ARMYと共有することが、わたしの
喜びであり、幸せです。

タタ
BTSと韓国が好きで、
韓国に住みたい
タイ人留学生ARMY

カレン
SUGAのソロコンサートを
見に来た際に、論峴洞で
BTSの足跡をたどっていた
シンガポール人ARMY

「BTSはわたしの
すべてです」

ARMYのあいだでは「BTS will come into your life when
you need them（BTSはあなたが必要とする瞬間に、あなたの
人生に現れる）」という言葉があります。わたしはARMYになって日
が浅いですが、この言葉は真実だと感じました。BTSは自分自身と
世の中を愛する方法はもちろんのこと、人生のあらゆる試練と困
難にたいして最善を尽くすべきだということ、何を成し遂げたとして
も謙虚な姿勢で感謝することの大切さを教えてくれる存在です。

韓国全土のPURPLE ROADをチェック！

ソウル特別市　p. 28、70、110

- 景福宮（キョンボックン）
- 国立中央博物館
- ナムル島
- 敦義門博物館村（トンウィムン）
- 東大門総合市場アクセサリー商店街
- ロッテワールド
- 文化備蓄基地（ムンファ）
- 崇礼門（スンネムン）
- 峨嵯山（アチャサン）
- Allycamera
- 汝矣島漢江公園（ヨイド）
- ワールドカップ大橋
- 油井食堂（ユジョン）
- 乙支茶房（ウルチ）
- チョングゲビルディング
- カフェHYUGA
- 鶴洞公園（ハクトン）
- 韓国伝統酒研究所
- HASH THE WOOD
- HYBE

京畿道　p. 74、78、115

- 京畿未来教育 楊平キャンパス（ヤンピョン）
- 高揚観光情報センター（コヤン）
- 九屯スティ（クドゥン）
- 九屯駅(廃駅)（クドゥン）
- タラムジマウルスルレンスペスク
- LIKE LIKE
- 汶湖里渡し場（ムノリ）
- 両厚里の森（ヤンフリ）

- 楊州市立チャン・ウクジン美術館（ヤンジュ）
- エバーランド Rocksville（ヨンイン）
- 龍仁大長今パーク（ヨンイン）
- 元祖練炭カルビ
- ユリ大桟橋 ハイカイ定食
- 議政府美術図書館（ウィジョンブ）
- イ・ジェヒョギャラリー（イジェヒョ）
- 一山湖公園（イルサン）
- 白逆駅
- チャン・ウクジン古宅

江原特別自治道　p. 50、82

- 凌波台（ヌンパデ）
- 徳峰山海岸生態探訪路（トッポンサン）
- LAKE192
- 孟方海水浴場（メンバン）
- MUSEUM SAN（サムサン）
- 三陟港スワイカニ通り（サムチョク）
- 松池湖マッククス
- 松池湖海水浴場
- Earth17
- JADE GARDEN
- 草谷電磁谷自治岩（チョゴク）
- 春川王タックカルビ・マッククス（チュンチョン）
- 香湖海岸（ヒャンホ）

慶尚北道　p. 98、114

- 景汀防波堤（キョンジョン）
- 慶州校村村（キョンジュ）
- 大陵苑（テルンウォン）
- 昔門亭（ソンムンジョン）
- 仏国寺（プルグクサ）

忠清北道　p. 115

- 茅山飛行場（モサン）

地図内ラベル

- ソウル特別市
- 京畿道（キョンギド）
- 江原特別自治道（カンウォン）
- 忠清北道（チュンチョンプクド）
- 忠清南道（チュンチョンナムド）
- 世宗特別自治市（セジョン）
- 慶尚北道（キョンサンプクド）
- 全羅北道特別自治道（チョルラプクド）

Brown Sugar
ソルゴク美術館
イェッコウル土俗スンドゥブ
月精橋
韓国大衆音楽博物館

大邱広域市 p.86
慶尚監営公園
達城公園
大邱美術館
明徳駅 ムルベ横丁通り
釜山王トッケビ通り
V壁画通り
西門市場

釜山広域市 p.60、90
甘川文化村
コプチャンサロン練炭クイ
広安大橋
広安里海水浴場
多大浦海水浴場
東莱ミルミョン本店
万徳洞レコ村
マンナ粉食
釜山市立美術館
釜山市民公園
石仏寺
五六島
龍頭閣
回東マル

慶尚北道
大邱広域市
蔚山広域市
釜山広域市
慶尚南道

全羅北道 p.40、113、114
鯨角山
高山昌浦村
我園古宅
五城堰
威鳳山城
威鳳渓
カフェ飛鳳落雌
セマングム干拓地
群山紙谷小学校

光州広域市 P.94
国際高校
錦南路4街駅
南道郷土料理博物館
楊林洞ペンギン村
JOY DANCE&PLUG.IN MUSIC
ACADEMY
青春鉢山村
HOPE WORLD

全羅南道 p.119
全南道立美術館

全羅北道
慶尚南道
光州広域市
全羅南道

済州特別自治道 p.102
南京咏楽
MU:IN JEJU
Moonsso
本態博物館
思索する名庭園
スヌーピーガーデン
梨湖デウ海水浴場
済州ベストヒルグランピング＆ペンション
PODO MUSEUM
挟才海水浴場
幻想の森コッチャワル公園

済州特別自治道

旅行前のチェックリスト！

SHOPPING LIST

韓国で買うべきはこれ！
おすすめショッピングリスト

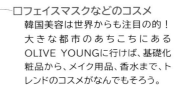

□ **韓国海苔**
塩とごま油がきいた海苔は、ショッピングリストに欠かせないもののひとつ。どの市場やスーパーでも購入できる。

□ **パジャマのズボン（睡眠ズボン）**
柔らかいパジャマのズボンは、ぐっすり眠れる魔法のアイテム。冬に韓国に来るなら、必ずチェック！

□ **袋麺・カップラーメン**
容赦ない辛さがYouTubeなどでも人気のブルダック炒め麺（三養食品）は、カルボナーラブルダック炒め麺、チーズブルダック炒め麺など、さまざまなバージョンがある。この他にもビビン麺（paldo）、チャパゲティ（NONGSHIM）など、いろいろなラーメンを試してみよう。

□ **ソジュ、マッコリ&韓国の伝統酒**
飲食店でソジュやマッコリを飲んでみてから、気に入ったお酒を買うのがおすすめ。地方では、高速道路のサービスエリアや食堂で地酒を売っていることも。もちろん、免税店や空港でも購入できる。

□ **フェイスマスクなどのコスメ**
韓国美容は世界からも注目の的！大きな都市のあちこちにあるOLIVE YOUNGに行けば、基礎化粧品から、メイク用品、香水まで、トレンドのコスメがなんでもそろう。

□ **薬菓**（ヤックァ）
最近若者のあいだで脚光を浴びる「薬菓」は、祭祀のお供え物にも使う韓国の伝統菓子。薬菓を専門に扱う店があるほどブームに！ おもに餅屋で売られているが、大型スーパーやコンビニでも買うことができる。

□ **韓国伝統みやげ**
伝統的なおみやげを買うなら、仁寺洞（インサドン）に行ってみて。太極旗（テグッキ）の模様が描かれたグッズや、韓服姿の人形、宮殿の模様をあしらった磁石など、韓国らしいアイテムがいっぱい。

□ **靴下**
市場に行ったらチェックしたいのが、カジュアル&カラフルでリーズナブルな靴下！ たいてい束売りをしていて、現金支払いのみの店も。

ドキドキの出国前日！
韓国で買うべきショッピングリストやスムーズに旅するためのスマートフォンアプリ、
出発前のチェックリストまで、しっかり確認しておこう

CHECK LIST

家を出る前に確認！
チェックリスト

□パスポート

　Tip. 有効期限に余裕があるかも確認を！

□旅行保険

□旅行期間の天気予報

□気温と季節にあった荷物
　Tip. 雨具、防寒用品、カイロ、手袋、帽子、サングラス……

□常備薬
　Tip. 胃腸薬、解熱剤、風邪薬、鎮痛剤、酔い止め、絆創膏……

□換金
　Tip. ①空港でも両替できるが、レートがお得なのは街中にある
　　　政府公認両替所。明洞や仁寺洞に多い
　　　②ほとんどの場所でカード支払い可能。
　　　ただ、市場や屋台では現金を使うことが
　　　多いので、ある程度の現金は持っていくのがおすすめ

□ポケットWi-Fi、SIM
　Tip. 最近はオンライン申し込みのみで開通できるeSIMも普
　　　及している

□変換プラグ
　Tip. 日本と違い、韓国は220V。プラグの形が違うので変換
　　　プラグ（Cタイプ）を忘れずに

□緊急連絡先
　Tip. 本書の「SAFETY FIRST」（22〜23ページ）に載ってい
　　　る在大韓民国日本大使館と観光警察の連絡先をチェック

□基本的なエチケットと文化
　Tip. 韓国は法律で室内の喫煙を禁止している

APPLICATION
韓国であると
便利なアプリ

 カカオトーク
ほとんどの韓国人が使って
いるメッセンジャーアプリ

 NAVER Map
地図アプリ。韓国では
Google マップより、
NAVER MapやKakaoMapが便利

 KakaoMap
道案内サービスアプリ

 Kakao T
（Kakaoタクシー）
タクシー配車アプリ
（詳しい利用方法は20〜21ページの
「TRANSPORTATION」をチェック！）

 Papago
多国語翻訳
サービスアプリ

 Coupang Eats
料理やドリンクの
出前アプリ

ベストな方法で空港から
ソウル市内へGO！

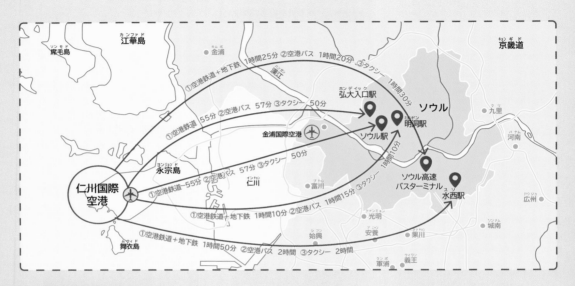

①
空港鉄道で
移動

👍 料金が最安!!
👎 スーツケースを持って階段の上り下りをしなければいけない。

交通カードを買う
▷1回用カード
　①地下鉄駅の交通カード販売機で「目的地選択」を押したあと、目的地を選ぶ
　②画面に表示されたデポジットと運賃を支払う
　③カードを受け取る
　④使用後の1回用交通カードは目的地の駅でカード回収機に入れると₩500が返ってくる
▷チャージ式カード
　チャージ式カードには3つの種類がある。旅程に合ったカードを選んで。

	NAMANEカード	T-moneyカード	cash beeカード
購入およびチャージ	・アプリ アプリストアで「NAMANE」を検索 ・NAMANE自販機 ウェブサイト（www.namanecard.com）またはアプリで自販機の位置を検索	・購入 GS25、CU、ミニストップなどのコンビニ ・チャージ 地下鉄の乗車券/カード自販機 （最大₩500,000）	・購入 GS25、CU、ミニストップなどのコンビニ ・チャージ 地下鉄の乗車券/カード自販機 （最大₩500,000）
価格	カスタムカード₩7,000 （自販機で購入時）	₩3,000～5,000（一般）	₩2,000～
返金	請求した金額の60%以上使用時、返金申請可能	₩50,000以上の返金はソウル駅のT-moneyタウンでのみ可能	₩20,000未満のみコンビニで返金可能

資料出典：韓国観光公社

仁川国際空港に到着する場合、ソウル市内への移動は1時間以上かかる。
空港鉄道、空港バス、タクシーなど、目的地に合わせて交通手段を確認しておこう。

② 空港バスで移動

👍 路線と目的地が充実！
👎 空港の外に出る手間がかかる

バス乗車券を購入
▷ **バスの路線を検索**
右側の二次元コードを読み取り、目的地を検索すると、
料金と路線、時刻表が表示される
▷ **第1旅客ターミナル**
第1旅客ターミナル1階の屋内（4、9番出口横）と屋外（4、6、7、8、11、13番出口付近）のバスチケット売り場で、バス関連の案内や乗車券購入が可能
▷ **第2旅客ターミナル**
第2旅客ターミナル交通センター地下1階バスターミナルでバス関連の案内や乗車券購入が可能

問い合わせ
▷ **ソウル地域バスサンコールセンター　02-120**
▷ **京畿地域バス 京畿コールセンター　031-120**

仁川国際空港
公共交通（バス）検索

③ タクシーで移動

👍 24時間移動可能
👎 料金がやや高い！

タクシーを探す
▷ **一般タクシーの乗車位置**
第1旅客ターミナル：5C、6C、6D
第2旅客ターミナル：ソウル-5C、京畿-4D、仁川-3C、3D
▷ **インターナショナルタクシーの乗車位置**
第1旅客ターミナル：4C
第2旅客ターミナル：1C
＊ソウル市公認の外国人タクシーサービス。事前予約をするか、各ターミナルの指定乗車場にある案内センターで申し込めば、日本語が可能な運転手のタクシーに乗ることができる。
▷ **Kakao T（Kakaoタクシー）アプリを使う**
①メイン画面で「タクシー」を押す　②出発地を確認後、目的地を設定
③「一般呼び出しタクシー」を選択　④決済手段を右側にスワイプし、「直接決済」に設定

仁川国際空港からソウル以外の地域に移動するには？

高速バスと高速鉄道SRT、KTXなどに乗れば、韓国のあちこちにあるBTSの聖地にアクセスできる。
※カードの種類によってはエラーになる場合もあるので、現地払いがおすすめ。

高速バスに乗る
ソウル高速バスターミナルへの行き方
空港鉄道に乗車→金浦空港駅で下車→
地下鉄9号線に乗車→高速ターミナル駅で下車

高速バス事前予約

SRTに乗る
水西駅への行き方
仁川国際空港から6300番の空港バスに乗車
→水西駅、Rosedaleビルのバス停で下車

SRT事前予約

KTXに乗る
ソウル駅への行き方
空港鉄道に乗車→ソウル駅で下車

KTX事前予約

トラブル発生！
万一の場合のための連絡リスト

在大韓民国
日本大使館

韓国ソウルにある日本の大使館。韓国政府と政治、経済、社会、文化的な交流、外交、経済情報の収集、輸出、通商の振興、外交政策の広報、文化、学術、体育の交流協力、韓国在住の日本国民の保護、教育や国籍、戸籍、パスポート、ビザの業務などを担当している。

3号線安国駅6番出口から徒歩7分
5号線光化門駅2番出口から徒歩7分
1号線鐘閣駅2番出口から徒歩10分

서울시 종로구 율곡로 6 트윈트리타워 A동
ソウル市 鍾路区 栗谷路6 ツインツリータワーA棟
02-2170-5200 ＊電話相談可能時間9:30〜12:15 / 13:15〜18:00（12:15〜13:15は昼休み）
info@so.mofa.go.jp
日本人関連業務（パスポート・証明書・戸籍・国籍・在外国民保護）
ryojisodan.seoul@so.mofa.go.jp
ビザ visa@so.mofa.go.jp

1330トラベル
ヘルプライン＆
苦情受付センター

韓国旅行で困ったときは、「1330トラベルヘルプライン＆苦情受付センター」に連絡を。電話とリアルタイムチャットサービスで観光案内や通訳、困ったことがあった時の相談などのサービスを24時間年中無休で提供。リアルタイムチャット・電話ともに、日本語や英語でも対応している。

無料通話アプリ
（Android）

無料通話アプリ
（iOS）

1330メッセンジャー

カカオトーク

Facebook

LINE

パスポートをなくしたり、タクシー運転手に実際よりも高い料金を要求されたり……。
助けが必要になる状況は、いつでもどこでも起きうるもの。
万一の場合に備えて、韓国旅行中に心強い味方になってくれる機関を覚えておこう。

観光警察

ソウル、釜山、仁川の主要な観光地で活動する観光警察は、犯罪の予防だけでなく、観光情報の提供、トラブルの解消などを担当。英語、日本語、中国語、スペイン語での通訳サポートも。不快なことや危険な出来事が起きた時や差別を受けた時には、藍色のジャケットに黒いベレー帽をかぶった警察官に助けを求めよう。

【観光警察案内】＊運営時間が地域ごとに違うので、訪問する前に電話での問い合わせをおすすめします。

SEOUL／ソウル

ソウルセンター	住所	連絡先
ソウル観光警察本部	용산구 백범로 329 龍山区 白凡路 329	02-700-6183
明洞（ミョンドン）	중구 명동길 14　명동 지하쇼핑센터 15번 출구 앞 中区 明洞キル14　明洞地下ショッピングセンター15番出口前	02-700-6276/6277
弘大（ホンデ）	마포구 어울마당로145-3　마포관광정보센터 앞 麻浦区 オウルマダン路145−3　麻浦観光情報センター前	02-700-6278
東大門（トンデムン）	중구 장충단로 275　두타 쇼핑몰 앞 中区 奨忠壇路275　DOOTAショッピングモール前	02-700-6195/6196
梨泰院（イテウォン）	용산구 이태원동 34-2 龍山区 梨泰院洞34−2	02-700-6296
仁寺洞（インサドン）	종로구 율곡로 62　안국역 지하 3층 鍾路区 栗谷路62　安国駅地下3階	-
南大門（ナムデムン）	중구 한강대로 410　남대문경찰서 8층 中区 漢江大路410　南大門警察署8階	-

BUSAN／釜山

釜山センター	住所	連絡先
釜山観光警察本部	서구 충무대로255번길 5-34 西区 忠武大路255番キル5−34	051-899-2776
南浦（ナムポ）	중구 구덕로 44 BIFF광장 입구 中区 九徳路44 BIFF広場入り口	051-231-0113
海雲台（ヘウンデ）	해운대구 중동1로37번길 22 중1치안센터 ※7~8월에만 운영 海雲台区 中洞1路37番キル22 中1治安センター＊7~8月のみ運営	-
広安里（クァンアンリ）	수영구 수영로 553-7광안4치안센터 水営区 水営路553-7 広安4治安センター	-
光復洞（クァンボクドン）	중구 광복중앙로 1창선치안센터 中区 光復中央路1 昌善治安センター	-

INCHEON／仁川

仁川センター	住所	連絡先
仁川観光警察本部	중구 운중로107번길52 中区 雲中路107番キル52	032-455-2377
仁川国際空港第1旅客ターミナル	제1여객터미널 교통센터 지하 1층 358호 第1旅客ターミナル交通センター地下1階358号	032-455-0293
仁川国際空港第2旅客ターミナル	제2여객터미널 정부합동청사 서편 201호 第2旅客ターミナル政府合同庁舎西側201号	032-455-0376
松島（ソンド）	연수구 인천타워대로 334 국제업무지구역 지하 1층 延寿区 仁川タワー大路334 国際業務地区域地下1階	-
チャイナタウン	중구 제물량로 232번길 26　월드커뮤니티센터 2층 中区 済物梁路232番キル26 ワールドコミュニティセンター2階	-

韓国観光を
200％楽しむためのTIP

ソウル、釜山、済州、慶州、仁川など、多くの都市で運営されている、主な観光名所を巡るバス。1日利用券をゲットすれば、終日、自由に乗り降り可能。バスを降りて観光したあと、また次のバスに乗って移動ができるので便利。また、ほとんどのシティツアーバスには観光地を説明する個人用オーディオガイドシステムも。現在一番多く外国人が訪れるソウルのシティツアーバスは、光化門を起点とする2つのコースを巡回運行中。行きたい場所やスケジュールに合わせて、ツアーバスを活用してみて。

ソウル文化観光ガイドの説明を聞きながら、主要な観光名所を徒歩で訪れるプログラム。上の二次元コードを読み取って予約すれば、無料で利用できる。王宮、王陵、韓屋村、城郭、都市再生、建築＆アート、伝統＆カルチャー、巡礼道など、テーマはさまざま。景福宮、北村、清渓川、南山城郭、夢村土城、成均館などを含む約40のコースがある。車椅子を利用する観光客のための「景福宮バリアフリーコース」も運営中。観光を希望する日の1週間前までにオンラインまたは電話(02-6925-0777)でご予約を。

ソウルシティツアーバスコース

夜景コース

所要時間
1時間30分
費用
おとな
₩24,000
こども
₩15,000

- 光化門駅
- 江辺北路 （カンビョン）
- 盤浦大橋 （バンポ）
- 聖水大橋 （ソンス）
- 漢南大橋 （ハンナム）
- Nソウルタワー
- 南大門市場
- 清渓広場 （チョンゲ）

西村の古い路地コース （ソチョン）

所要時間
約3時間
費用
無料

- 地下鉄3号線景福宮駅3番出口
- 通義洞白松跡 （トンウィドン）
- 上村斎 （サンチョンジェ）
- 玉仁洞「尹氏家屋」 （オギン） （ユン）
- 水声洞渓谷 （スソン）
- ユン・ドンジュ下宿跡
- パク・ノス美術館
- イ・サンボム家屋
- ノ・チョンミョン家跡
- イ・サンの家
- 錦川橋市場 （クムチョン）

楽しい旅行のためには、準備が大切！ 旅先の情報をしっかり確認して計画を立てれば、思い出もより濃密に。
気軽に参加できるツアーや無料で提供されているサービスなどを事前にチェックしておこう。

旅行で困ったら？
観光案内所

観光案内所では、基本的な観光情報はもちろん、さまざまな観光案内の冊子やリーフレットを配布している。公演、交通、宿泊、レストランなどの現地予約サービスも。

動く観光案内所

明洞、南大門市場、東大門、北村、弘大、江南高速バスターミナル、広蔵市場、西村、市庁のエリアを訪れたら、赤い服にアルファベットで「❷」と書かれたユニフォームを着たガイドを探してみて。旅行に必要なサービスをサポートしてくれるガイドは、まるで動く観光案内所！

SEOUL／ソウル

観光案内所	住所	連絡先
KTO観光案内所	중구청계천로40 HiKR 그라운드5층 中区 清渓川路40 HiKR グラウンド5階	02-729-9497～9499
金浦国際空港観光情報センター	강서구하늘길38 김포국제공항국제선청사1층입국장 江西区 ハヌルキル38 金浦国際空港国際線庁舎1階入国場	02-2660-2486～7
江南観光情報センター	강남구압구정로161 江南区 狎鴎亭路161	02-3445-0111
明洞観光情報センター	중구을지로 2가181 中区 乙支路2街181	02-778-0333
龍山駅観光情報センター	용산구한강대로23길 55 용산역 3층안내데스크 龍山区 漢江大路23キル55 龍山駅3階案内デスク	070-4224-4597
永登浦観光情報センター	영등포구영중로15 타임스퀘어광장 永登浦区 永中路15 タイムズスクエア広場	02-2675-5600
光化門観光案内所	중구남대문시장4길21(지하철4호선회현역 5번출구 50m앞) 中区 南大門市場4キル21(地下鉄4号線会賢駅5番出口50m前)	02-752-1913
北村観光案内所	종로구북촌로5길48 정독도서관내 鍾路区 北村路5キル48 正読図書館内	02-2148-4161
三清路案内所	종로구삼청로68(안송빌딩) 鍾路区 三清路68(アンソンビル)	02-723-9472
東大門観光案内所	중구장충단로247(굿모닝시티쇼핑몰앞광장) 中区 奨忠壇路247(グッドモーニングシティショッピングモール前広場)	02-2236-9135
ソウル観光プラザ観光情報センター	종로구청계천로85 삼일빌딩 鍾路区 清渓川路85 サミルビル	02-720-0872
市民聴観光案内所	중구세종대로110(신청사지하1층 시민청내인포데스크) 中区 世宗大路110(新庁舎地下1階市民聴内のインフォデスク)	02-739-7755
梨泰院観光案内所（地下）	용산구이태원로지하177(6호선이태원역) 龍山区 梨泰院路地下177(6号線梨泰院駅)	02-3785-0942
松坡観光情報センター	송파구잠실로180 松坡区 蚕室路180	02-2147-2109
麻浦観光情報センター	마포구 홍익로22(2호선홍대입구역 9번출구) 麻浦区 弘益路22(2号線弘大入口駅 9番出口)	02-334-7878
新村駅舎観光案内所	서대문구신촌역로30(신촌 구역사) 西大門区 新村駅路30(新村旧駅舎)	02-363-7833

INCHEON／仁川

観光案内所	住所	連絡先
仁川国際空港第1旅客ターミナル観光案内所（イーストウイング）	인천국제공항 제1여객터미널1층 5번출구인근 仁川国際空港第1旅客ターミナル1階 5番出口付近	032-743-2600～1
仁川国際空港第1旅客ターミナル観光案内所（ウエストウイング）	인천국제공항 제1여객터미널1층 10번출구인근 仁川国際空港 第1旅客ターミナル1階 10番出口付近	032-743-2602～3
仁川国際空港第2旅客ターミナル観光案内所	인천국제공항 제2여객터미널3번출구 1층맞은편 仁川国際空港第2旅客ターミナル3番出口 1階の向かい	032-743-2606

JEJU-DO／済州島

観光案内所	住所	連絡先
済州国際空港観光案内所	제주시공항로21층 제주국제공항국제선5번게이트 済州市 空港路21階 済州国際空港国際線5番ゲート	064-742-0032
済州中文リゾート観光案内所	서귀포시 중문관광로38 제주중문리조트입구1층 西帰浦市 中文観光路38 済州中文リゾート入口1階	064-739-1330

BTS

血と汗、涙にまみれた練習生時代から、韓国を
代表するワールドスターになるまで……。
ソウル特別市や全羅北道完州郡、江原道三
陟市、釜山市など、韓国各地に刻まれた
BTSの物語。

CITY1. ソウル
SEOUL

STORY

CITY
都市そしてBTS

BTSの
すべての日々、
すべての瞬間

—— ソウル/SEOUL

血、汗、涙にまみれた練習生時代を経て、
きらびやかなスポットライトを浴びるワールドスターへ成長したBTS。
すべての日々、すべての瞬間を記憶する街、ソウルでたどる7人の足跡。

#「ザ・トゥナイト・ショー・スターリング・ジミー・ファロン」
#「Run BTS!」
#Global Citizen Live

2012～2014年──
練習生時代に、泣いて笑った鶴洞公園(ハクトン)

所属事務所のオフィスや旧宿舎があった江南区論峴洞(ノニョン)一帯は、BTSの数々の思い出が刻まれた地域。JIMINはオリジナルコンテンツ「Run BTS!」で鶴洞公園を訪れ、「2013年に発売された『O!RUL8,2?』のタイトル曲「N.O」の練習をした」と振り返っている。また、同い年のVと喧嘩して鶴洞公園で仲直りすることが多かったとも。JUNG KOOKは、悩みを抱えた時によく公園を訪れたそう。ブランコのすぐ横には、2014年の秋夕にメンバー全員が韓服を着て撮影したあずまやの遊鶴亭(ユ ハクチョン)がある。

左：メンバーの大切な思い出を記憶しているブランコ。近所の人たちには「BTSブランコ」として知られている
右：秋夕を記念してメンバー全員が韓服を美しくまとって写真を撮影したあずまや

2020年——
「ザ・トゥナイト・ショー・スターリング・ジミー・ファロン」で
ステージを披露した景福宮_{キョンボックン}

練習生時代、所属事務所の資金難によりデビューは難しいだろう
と言われていたRM、SUGA、JIN、J-HOPE、JIMIN、V、JUNG
KOOK。当時の彼らは想像できただろうか？　アメリカNBCの看
板トーク番組で、自分たちのための特別企画が制作されることを。
それも朝鮮王朝の正宮だった景福宮を舞台に、アメリカの視聴者
に向けてパフォーマンスを披露するなんて。2020年9月、NBC
の「ザ・トゥナイト・ショー・スターリング・ジミー・ファロン」は、「BTS
Week」を、5日間連続でオンエア。インタビューやゲームなど盛り
だくさんの内容でBTSをフィーチャーした。

左：韓国の伝統的な模様が際立つ瓦は、
どんな構図で撮っても美しい。門の奥
に見える瓦と塀を撮影すると、宮廷なら
ではの特別な1枚が完成！
右：景福宮の勤政殿の西側に位置する
慶会楼_{クンジョンジョン}。国の慶事や、使臣の来訪時に、
宴を開いた場所

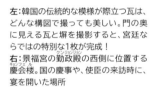

BTSがステージを披露したのは、景福宮の勤政殿と、勤政殿の西側にある池の中に建てられた慶会楼。韓服を着たメンバーが、紫色にライトアップされた勤政殿をバックに「IDOL」、「Dynamite」などの華やかなパフォーマンスで魅せ、夜空の下で明るく照らされた慶会楼では「Mikrokosmos」を熱唱した。池に映る楼閣の影が「Mikrokosmos」とパーフェクトに調和し、韓国の王宮のおごそかな美を映し出した幻想的なステージは、YouTubeでも話題に。

2020年───
さわやかな青春ショットの撮影地 ノドゥル島

「2021年度、ファンクラブARMYとともにするBTSが帰ってきました！」。2020年11月、BTSの公式NAVERポストアカウントで、BTSの『BTS 2021 SEASON'S GREETINGS』のプレビューカットが公開。首元までボタンを留めたチェックシャツに大きな眼鏡、首に巻いたバンダナとオーバーオール、レトロな髪型、ラガーシャツ、タイトに掛けたショルダーバッグ。メンバーたちは1970〜1980年代のフレッシュな大学生を連想させるファッションで、ノドゥル島のあちこちで『BTS 2021 SEASON'S GREETINGS』の撮影を行った。

左:BTSが並んで集合写真を撮ったノドゥル書家の屋上
中:夕方近くのノドゥル島の風景はソウルの夕焼けスポットとしても人気
右:『BTS 2021 SEASON'S GREETINGS』でJINが地図を広げていた場所はココ！

左上：「Run BTS!」(2020 EP.120－応答せよバンタン村 1)のオープニングを撮った敦義門倶楽部。20世紀初めに今の敦義門博物館村がある地域に住んでいたアメリカ人事業家テイラーについての物語や、近代の文化についての貴重な資料の数々も

右上：倶楽部内の小さなステージからは、外国人と韓国人が交流した華やかな社交場の雰囲気が感じられる

下：RM扮するキム・メピョの日記帳が見つかったセムナン劇場の売店と、7時を指したまま止まった腕時計が落ちていた劇場

2020年──
「Run BTS!」(2020 EP.120＆121−
応答せよバンタン村)のロケ地、敦義門博物館村

過去にタイムスリップしたバンタン村の住民たち。平和な村に
あるARMYの石碑を割った犯人を捜して奔走するが……。
2回にわたって公開された「Run BTS!」(応答せよバンタン
村)のロケ地が敦義門博物館村。この地域は再開発のため
に全面撤去される予定だったけれど、漢陽都城の西側城門
の内側に位置した村として歴史的価値が評価されたため、
村がまるごと博物館に。建物は全40棟。BTSが推理ゲーム
を繰り広げたのと同じルートで村をめぐるなら、村の案内所
→敦義門倶楽部→三代家屋→生活写真展示館→セムナン劇
場→敦義門ゲームセンター・セムナン貸本屋→西大門写真館
→Y字路理髪店という順番で！

上：J-HOPE扮するミ・ヨンホブのアリバイを調べたY字路理髪店
中：レトロかわいいリヤカー木馬。子どもは乗ってもOK
下：敦義門ゲームセンターには懐かしいゲームがずらり！

2021年──
崇礼門で環境保全と
貧困撲滅をアピール

2021年9月、Global Citizen Live
で「Butter」のパフォーマンスが披露
されると、多くの人が目を疑った。普
段は遠くからしか見ることのできない
崇礼門。そこに立つJUNG KOOKの
姿が映し出されたからだ。環境保全と
貧困撲滅のために、韓国、アメリカ、ブラジ
ル、イギリス、フランス、オーストラリアな
ど、世界6大陸の主要都市から24時間
生配信されたイベントは、崇礼門を舞
台にした「Permission to Dance」
で開幕。現代的な高層ビルと伝統的な
崇礼門が織りなすコントラストが、BTS
のステージをさらに魅力的に彩った。

現存する韓国の城門建築物として最
も規模が大きい崇礼門。朝鮮時代、漢
陽都城の南側に位置していたことから
「南大門」とも呼ばれている

「世界最高の
ボーイバンド」の
夏物語

—— 完州/WANJU

BTSが世界トップクラスのアーティストとして地位を築いた2019年、
7人は韓国の伝統文化が彩る街、完州を訪れた。
まぶしい陽ざしときらきらと輝く笑顔であふれる、夏の日の記録。

#『2019 BTS SUMMER PACKAGE』
#ヒーリングの聖地
#韓屋の美

左：朝鮮時代に咸平（ハムピョン）で書堂として使われていた建物を移築した、我園古宅（ア ウォン）の書堂からの風景。BTSの7人も感動した、まるで一幅の絵のように広がる韓屋村の風景を味わえるスポット
右：池の向こうに屏風のようにそびえ立つ、青々とした終南山（チョンナムサン）に圧倒される

2019年—— BTSを魅了した韓屋村、我園古宅

2019年6月。世界最高峰のアーティストだけが立つイギリスのウェンブリー・スタジアムでのライブを成功させたBTSは、韓国の美しさを世界に伝えたいと、『2019 BTS SUMMER PACKAGE』の撮影を韓国国内で実施。ロケ地の完州は、世界中のARMYから愛されるように。BTSが絶賛した我園古宅もそのひとつで、我園ギャラリー（ギャラリー兼カフェ）と我園古宅（韓屋ステイ）を含む複合文化施設。宿泊しなくても入場料を支払えば一部を見学できる。

2019年──
歴史の痕跡の上で撮影された7人の足跡

「映画に登場しそうな、素敵な場所」とJUNG KOOKが感動した威鳳山城は、1675年から7年間かけて積み上げられた全長16キロメートルの城壁。西・東・北門の3つの城門と8つの暗門が存在していたが、大部分が焼失し現存するのは一部の城壁と全州につながる西門だけ。西門の上にあった3間の門楼は崩壊し、今は高さ3メートル、幅3メートルのアーチ形の石門だけが残っている。ここでBTSは『2019 BTS SUMMER PACKAGE』を撮影。メンバーの姿が描かれた「完州BTSヒーリングの聖地」の案内板をたどりながら、同じポーズで認証ショットを撮るのもおすすめ。

上：威鳳山城とともに、近くの威鳳滝も注目の集まるスポット
下：威鳳山城西門の全景。7人はアーチ形の石門の上で思い出の写真を撮影
©韓国観光公社写真ギャラリー　キム・ジホ

威鳳山城は民衆の避難を目的として、
1675年から7年間かけて造られた

2019年——
聖地になった五城堤（オ ソンジェ）の「BTSの松」

白い雲が映る澄んだ貯水池の景色をバックに、白い布の隙間から姿を現すBTSのメンバーたち。
『2019 BTS SUMMER PACKAGE』のロケ地となった所陽五城堤（ジャン）は、完州BTSロードのスタート地点。撮影後、堤防にそびえ立つ神秘的な1本の松の木は、「BTSの松」という、とてつもない（！）称号を得ることに。高山菖蒲村（コ サンチャン ポ）のありふれたコンクリートの橋も聖地となり、BTSと同じポーズで認証ショットを撮ろうとするファンが絶えない。ここにはさらに「空飛ぶ聖地」も！　鯨角山（キョンガク）は、JIMINをはじめメンバーたちがフライト体験に挑戦した、韓国有数のパラグライディングの名所。400メートルの高さから約15分間飛行するBコースと、約25分間のCコースが「BTSコース」となっている。

左：五城堤の堤防を見守る「BTSの松」
右上：鯨角山で、メンバーたちが飛んだ
空を追体験！
右中：高山菖蒲村の橋でBTSとおそろい
のポーズで認証ショット
右下：高山菖蒲村の全景
©完州市

2019年── 万頃江に沿って

完州を貫く万頃江を背に北に歩くと、文化体験施設「飛飛亭マウル」内で最も高台にある「飛飛落雁」にたどり着く。ここで撮影を終えたBTSは、しばし休憩しながら完州の秘境を目に焼きつけた。ここは万頃江の上流から中流にさしかかる要所で、1573年に武人の崔永吉が別荘を建てた場所。その後、儒学者の宋時烈によって「飛飛亭」（「飛んでいた雁が休む場所」という意味）と名づけられ、士人たちが飛飛亭で雁の群れを眺めて風流を楽しんだことから「飛飛落雁」と呼ばれるように。現在ここには「飛飛落雁」という名前の絶景カフェがある。

万頃江の夕景。国の指定文化財・旧万頃
江鉄橋の上に設置されているのは、廃車
となった車両をカフェやギャラリーに改
装した飛飛亭芸術列車。飛飛落雁から眺
める万頃江の風景は、まさに壮観！

BTSが
愛した海

—— 江原道/GANGWON-DO

韓国を代表する、誰もが愛するリゾート地、江原道。
山のように青々とした海、海のように深く広がる山がまぶしいこの場所で、
BTSは青春の瞬間をアルバムジャケット写真とコンセプトフォトに収めた。

#バス停
#Butter
#海キャンプ

韓国で一番有名な「バス停」

<ruby>江陵<rt>カンヌン</rt></ruby>の<ruby>香湖<rt>ヒャンホ</rt></ruby>海岸にぽつんと立つバス停。タイ焼きにタイが入っていないように、このバス停にはバスが停まらない。だけどそれで有名なわけではなく、この場所が昼も夜も愛されている理由はBTS。2017年2月13日にリリースされた『YOU NEVER WALK ALONE』のアルバムジャケットを飾った、もっとも有名な聖地のひとつだ。ジャケット写真撮影用に設置されたバス停はほどなく撤去されたけれど、たくさんのARMYが訪れたため、フォトゾーンとして復元。ARMYはもちろん、一般の人たちも順番待ちする大人気のスポットで、青く澄んだ海をバックにヴィンテージな認証ショットをぜひ！

「BTSバス停」が建てられた香湖海岸は、江陵を代表する観光地の<ruby>注文津<rt>チュムンジン</rt></ruby>海水浴場とつながっていて、アクセスが便利。駐車場はないので、注文津海水浴場の公営駐車場を利用しよう。徒歩で5〜10分

※このページと次ページの造形物は撤去されています

2021年——
「ビルボード神話」の舞台、孟芳海水浴場

2021年、「Butter」がアメリカのビルボード「Hot 100」で10週連続で1位を記録し、BTSは世界の音楽業界に新たな歴史を刻んだ。この名曲のコンセプトフォトを撮影したのが、孟芳海水浴場。ここにはかつてサンベッド、パラソル、ビーチバレーのネットなど、BTSの写真に登場する小物をそのまま再現したフォトゾーンが設置されていた（2024年1月に撤去）。地元では、「孟芳海水浴場」よりも「BTS海岸」と呼ばれたほど。ここは、BTSはもちろん、ARMYにとってもスペシャルな場所。危うく消えるところだった海岸をARMYが守ったからだ。ある企業がここで港湾工事を行うさなかに海岸侵食が発生し、砂浜が減少する危機にさらされた。ARMYは環境団体とともに「Save Butter Beach」という署名活動を行い、海岸の保護に乗り出した。

上：「BTS海岸」と呼ばれる孟芳海水浴場。ARMYが守っている、大切な海岸
左下：孟芳海水浴場の「Butter」のコンセプトフォト撮影地を一望できる低い山。ウッドデッキを歩くと、幻想的な海の風景に出会う
右：2024年1月12日まで江原道三陟市孟芳海岸に造成されていたBTSの造形物。撮影に使われたセットをそのまま再現していた

左上：『2021 BTS WINTER PACKAGE』を撮影した高城の凌波台には、大きな奇岩怪石がいっぱい

左下：塩類風化（塩分による風化作用）で穴が開いた岩は、タフォニ（Tafoni）と呼ばれている

右上：いつもファンには感謝の気持ちしかないと言うJUNG KOOKが海辺に残したメッセージは、「BTS♡ARMY Forever」。その時のマネをして、砂に書いたラブレター

中央下：2022年8月6日、BTS公式YouTubeチャンネルで公開された「[BTS VLOG] Jung Kook ｜ CAMPING VLOG」の舞台はココ！

2022年──
JUNG KOOK思い出のキャンプ場所
松池湖海水浴場
（ソン ジ ホ）

生い茂る松林と白い砂浜。松池湖海水浴場は、とても美しい場所。海岸には、パラソルを立ててゆったりと過ごす人もいて、リゾート感もたっぷり。JUNG KOOKがこの海辺でキャンプする姿をVlogで公開したのは、2022年8月6日のこと。一泊の旅に出たJUNG KOOKは、自ら車を運転しながら「僕たちが存在する理由はARMYだよ！」と告白。海岸でぼんやりとたき火を見ながら過ごし、慣れた手つきでサムギョプサルを焼き、おいしそうに食べる様子も。そして翌朝、砂浜に残したメッセージ。たくさんの言葉なんていらない彼の本音は一生、ARMYの心に刻まれるはず。

「Butter」のコンセプトフォトを撮影した孟芳海水浴場で、メンバーがビーチバレーをする様子がYouTubeで公開。海水浴場にはネットと審判席、サーフボードが設置され、かつてフォトスポットとなっていた（造形物は2024年1月に撤去済み）

花開く前に
夢を抱いた
彼らのふるさと

—— 釜山/BUSAN

子どもの頃に走り回った懐かしい路地が手招きし、
過ぎ去った時間の分だけ深くなった海が「おかえり」と迎えてくれる。
生まれた街を代表するグループになった、彼らの追憶をたどって釜山へ。

#JIMINとJUNG KOOKのふるさと
#Vlog
#新年の願いごと

2019年——
ボラへBTS、ボラへ広安里（クァンアンリ）！

2019年、釜山アシアード主競技場で、デビュー6周年ファンミーティング「BTS 5TH MUSTER［MAGIC SHOP］」を開催したBTS。公演を終えた後、JIMINはV LIVEで故郷の釜山について語り、ホテルの外に見える広安大橋の景色をシェア。BTSを象徴する色、パープルに輝く広安大橋に感動した彼は、「ARMYと一緒に見たかった。（皆さんのような方たちが）僕のファンになってくれて幸せ」と愛を伝えた。広安里海水浴場は、青い海と輝く広安大橋で知られる釜山を代表する観光地。海岸沿いのカフェ通りでJIMINが心震わせた景色を眺めながら、コーヒーを楽しんでみては。

どこまでも続く砂浜と青い海、広安大橋がおりなす風景は、いつ見ても美しい

左：JIMINとJUNG KOOKが描かれた壁画は、甘川文化村の「韓紙マウル」の隣にある

右上：甘川文化村案内センターに向かう上り坂から眺めた村の全景。仲良く並んだパステルカラーの屋根は、温かく懐かしい

右下：甘川文化村の壁画をバックに、CHIMMYのマスコット人形と認証ショット。インスタ映えするフォトスポットがあちこちに

2021年——
路地に隠れたJIMINとJUNG KOOKの思い出を探して

カラフルな壁画が描かれた道に、大小さまざまな建物がぎっしりと並ぶ。釜山を代表する観光地、甘川文化村はどこから眺めても美しいけれど、パノラマビューを楽しみたいなら、ハヌルマル展望台がおすすめ。必須コースは、釜山出身のJIMINとJUNG KOOKが描かれた壁画。BTSが「釜山の誇り」であることを実感する空間だ。

左：「五六島Best Photo Zone」と道に書かれている場所は、JIMINがVlogを撮影したスポット
右上：多大浦海水浴場のそばには生態湿地があり、ウッドデッキで散策が楽しめる
右下：夏の多大浦は、JIMINが撮影した冬とはまた違った雰囲気に

2015年、2016年──
JIMINが愛する
五六島(オリュクト)の海と多大浦(タデポ)海水浴場

「釜山、アンニョン〜。JIMINが来たよ！」
2015年冬、休暇でふるさとの釜山を訪れたJIMINが、BTS公式YouTubeチャンネル「BANGTANTV」のVlogを撮影。海が好きなJIMINは、「海が見たくて、ソウル行きの列車に乗る2時間前に寄ってみた」と話し、五六島を紹介した。同じ釜山出身のメンバーJUNG KOOKと駅で待ち合わせして、一緒にソウルに戻る約束をしたとも。年を越しても、JIMINの海への愛は変わらなかったよう。2016年1月には、日没を見るために多大浦海水浴場へ。ファン想いで知られるJIMINは、「ARMYたちが笑顔になる出来事だけが起きますように」と、新年の願いごとをした。この本を読んでいるARMYの皆さん、幸せですか？

ROAD

BTS

PART

2

IN KOREA

韓国BTS
聖地巡礼

BTSが訪れると、聖地になる。ソウル特別市、京畿道北部・南部、江原道、大邱市、釜山市、光州市、慶州市、済州道など、韓国各地の聖地を地図とともに紹介。おすすめコースもチェック!

INTRODUCTION

ソウルは、BTSの思い出がぎっしりつまった街。血、汗、涙にまみれた練習生時代の思い出から、世界のステージに立つ栄光の瞬間まで……。

血、汗、涙の跡をぐるりと1周

SPECIAL POINT

練習生時代においしい食事でメンバーを支えてくれた「油井食堂」と、旧宿舎をリノベーションした「カフェHYUGA」は、ARMYなら必ず訪れるべき聖地オブ・ザ・聖地！

文化備蓄基地

景福宮
キョンボックン

敦義門博物館村
トニムン

崇礼門
スンニェムン

ワールドカップ大橋

乙支茶房
ウルジ

油井食堂
ユジョン

国立中央博物館

HYBE

鶴洞公園
ハクトン

ノドゥル島

カフェHYUGA

ソウル1日
おすすめ
プラン

カフェHYUGAからHYBEへの移動以外は、徒歩でOK！

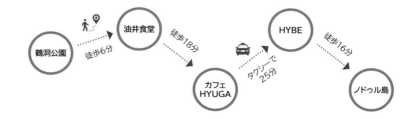

鶴洞公園 → 徒歩6分 → 油井食堂 → 徒歩18分 → カフェHYUGA → タクシーで25分 → HYBE → 徒歩16分 → ノドゥル島

2002年の日韓共催サッカーワールドカップを記念して「ワールドカップ大橋」と名づけられました！

「ザ・トゥナイト・ショー」撮影地

월드컵대교／ワールドカップ大橋

アメリカのトーク番組「ザ・トゥナイト・ショー」で、ライトアップされた橋の上で「Butter」のパフォーマンスを披露。麻浦区上岩洞と永登浦区楊坪洞をつなぐ全長1980メートル、幅31.4メートル、6車線の橋。

🏠 서울시마포구상암동
ソウル市 麻浦区 上岩洞

1. ワールドカップ大橋の夜景

「ザ・トゥナイト・ショー」撮影地

경복궁／景福宮

「IDOL」のパフォーマンスをした勤政殿は、朝鮮時代の法宮（王の住む宮廷）、景福宮のメインの建物。臣下たちが王に新年のあいさつを行い、国家の重大な意思決定について話し合い、外国からの使者を迎える場所だった。西側の池にある慶会楼では、国の慶事を執り行ったり、使者が訪れた際に宴会が開かれたりも。

🏠 서울시종로구사직로 161
ソウル市 鍾路区 社稷路161

📞 02-3700-3900

🌐 www.royalpalace.go.kr

18歳以下の外国人と24歳以下の韓国人は入場無料！

「Run BTS!」EP.87・88

2. T6コミュニティーセンター
3. T2屋外ステージの全景
4. T4複合文化空間の内部

문화비축기지／文化備蓄基地

かつて6907万リットルの石油を保管していたタンクが、市民と専門家のアイデアによって複合文化施設に。BTSのメンバーは6つのタンクのあちこちで、ハングルの日にちなんだ鬼ごっこにチャレンジ。

🏠 서울시마포구증산로 87
ソウル市 麻浦区 繒山路87

事前予約すれば、ガイドと一緒に見学ツアーも！

韓服を着ていくと入場が無料に

5. 景福宮の正門、光化門を守る想像上の動物ヘテの像
6. 景福宮勤政殿
7. 景福宮慶会楼の夜景

練習生からワールドスターになるまで……

2021年、BTSはアメリカの人気テレビトークショー「ザ・トゥナイト・ショー」（NBC）に出演。モノトーンの衣装に身をつつんだメンバーは、華やかにライトアップされた巨大な❶ワールドカップ大橋の上で「Butter」のパフォーマンスを披露し、世界中の人々のハートをわしづかみにした。❷文化備蓄基地は、オリジナルコンテンツ「Run BTS!」ハングルの日特集のロケ地。メンバーたちは鬼ごっこで真剣勝負！ また、2020年9月には「ザ・トゥナイト・ショー」が「BTS WEEK」を企画。5日連続で5曲のパフォーマンスを披露したこの番組で、BTSは❸景福宮・勤政殿をバックに「IDOL」をダイナミックにパフォーマンス。BTSとARMYのシンボルが浮かぶ夜空のもと、慶会楼で歌う「Mikrokosmos」の幻想的な雰囲気にうっとり。

「Run BTS!」EP.120・121

돈의문박물관마을／敦義門博物館村

ソウルの中心部にある1970年代のソウルを再現した体験型博物館。「バンタン村」の住民に扮したメンバーたちが、村で起きた事件の犯人を捜す推理ゲームに挑戦。

- 🅐 서울시종로구송월길 14-3
  ソウル市 鍾路区 松月キル14-3
- 📞 02-739-6994
- Ⓑ https://dmvillage.info/

8. 敦義門博物館村の広場
9. レトロなチケット売り場を再現した映画館
10. 昔のゲーム機を体験できるゲームセンター

숭례문／崇礼門

朝鮮時代の漢陽都城の正門で、南側にあったため南大門と呼ばれている。ソウルに現存する最古の木造建築物。Global Citizen Liveで「Butter」を披露した時、冒頭でJUNG KOOKが崇礼門の上で歌い、大きな話題に。

- 🅐 서울시중구세종대로 40
  ソウル市 中区 世宗大路40
- 📞 02-779-8547

三蔵法師や孫悟空など想像上の人物・動物の形をした"装飾瓦"。火災除けの願いを込めたもの

「Global Citizen Live」撮影地

下記の二次元コードで予約すると把守儀式（朝鮮時代の兵士が宮殿を守る軍令儀式を再現したパフォーマンス）に参加可能！（韓国語・英語）

『BTS 2021 SEASON'S GREETINGS』撮影地

을지다방／乙支茶房

卵の黄身が浮かぶ温かい双和茶やさわやかな酸味の五味子茶を楽しめる場所。1985年創業のこの店で、レトロファッションのVが味見した双和茶にトライしてみて。

- 🅐 서울시중구을지로 124-12층
  ソウル市 中区 乙支路124-1 2階
- 📞 02-2272-1886

双和茶の卵の黄身は、崩さずそのまま飲んで！

11. BTSが座った席。再開発で場所が移転したため、店内の作りが撮影時と少し違っている

하이브／HYBE

BTSが所属しているHYBEの社屋。HYBEは2005年にプロデューサーのパン・シヒョクが設立したエンターテインメント会社で、以前はBig Hit Entertainmentという社名だった。

- 🅐 서울시용산구한강대로 42
  ソウル市 龍山区 漢江大路42

大きな丸メガネとベレー帽、オーバーオール……。タイムスリップしたようなファッションのBTSメンバーが推理ゲームを行ったのが❹敦義門博物館村だ。❺崇礼門は2021年9月に行われた国際チャリティーコンサート「Global Citizen Live」でパフォーマンスを行った場所。アメリカ、フランス、ブラジルなど全世界に配信されるコンサートの幕開けを飾った。レトロなインテリアの❻乙支茶房では『BTS 2021 SEASON'S GREETINGS』を撮影。Vが指でなめて味見した双和茶をぜひ。「2023 BTS FESTA」期間中には、❼HYBE社屋の塀にメンバー全員の壁画が描かれた（現在は撤去済み）。

『BTS 2021 SEASON'S GREETINGS』撮影地

8 노들섬／ノドゥル島
銅雀区と龍山区のあいだにある漢江の中州で、ノドゥル島という名前は「白鷺が遊んでいた石」という意味。ライブハウスやカフェが並ぶ「音楽を媒介とした複合文化基地」。

- 서울시용산구양녕로 445
  ソウル市 龍山区 讓寧路445
- 02-749-4500
- www.nodeul.org

本と音楽を楽しむ場所「ノドゥル書架」もぜひ訪れてみて！

12. JINが地図を広げていた場所
13. メンバー全員が一列に並んで写真を撮ったノドゥル書架の屋上

RMがInstagramにアップした「思惟の部屋」

9 국립중앙박물관／国立中央博物館
韓国を代表する国立博物館。BTSはここでソウル市の広報動画などさまざまなコンテンツを撮影。RMとおそろいのスマートフォンケースは、おみやげにおすすめ！

- 서울시용산구서빙고로 137
  ソウル市 龍山区 西氷庫路137
- 02-2077-9000
- www.museum.go.kr

14. オンライン卒業式「Dear Class of 2020」で立った場所にはパープルの目印が

「Run BTS!」2022 Special Episode - Telepathy Part 2

학동공원／鶴洞公園
メンバーたちの思い出がぎっしりつまった公園。2014年の秋冬には、全員が韓服を着て撮影したことも。

- 서울시강남구강남대로140길 47
  ソウル市 江南区 江南大路140キル47

10 유정식당／油井食堂
BTSが練習生時代に通った食堂。「パンタンビビンバ」と呼ばれる黒豚の石焼きビビンバは、メンバーたちがよく話題にするため、ARMYなら知らない人はいないほど。

- 서울시강남구도산대로28길 14
  ソウル市 江南区 島山大路28キル14
- 02-511-4592

オーナーがメンバーのために作った特別メニュー、パンタンビビンバ ₩10,000

大人気のブラック塩パンは売り切れ注意！食べたい人は、午前中早めに行くのがおすすめ

鶴洞子ども公園と間違わないように注意！

15. JIMINが乗ったブランコ。近所の人たちはBTSブランコと呼んでいる

12 카페 휴가／カフェHYUGA
練習生時代の宿舎をリノベーションしたカフェ。特にARMYにはパープルのドリンクとブラック塩パンが人気！

- 서울시강남구논현로119길
  16 우성빌리지뒷담길
  ソウル市 江南区 論峴路119キル
  16ウソンビレッジィッタムキル
- 02-3444-2022
- @hyuga_1531

映画「建築学概論」をほうふつとさせる衣装が印象的な『BTS 2021 SEASON'S GREETINGS』のロケ地は⑧ノドゥル島。コロナ禍で卒業式ができない世界中の学生たちにエールを送った「Dear Class of 2020」は⑨国立中央博物館で撮影された。箱箱からティッシュケースまでBTSづくしの⑩油井食堂で、メンバーたちがよく食べていた油井サムパプ、黒豚石焼きビビンバ、油井プデチゲなどを堪能。BTSのオリジナルコンテンツ「Run BTS!」でJIMINがブランコに乗っていたのは⑪鶴洞公園。JIMINはブランコに座りながらTHE 1ST MINI ALBUM『O!RUL8,2?』のタイトル曲「N.O」のパフォーマンスをここで練習したと回想した。日本、フィリピン、カナダなど世界中のARMYが訪れる⑫カフェHYUGAでは、ARMYがそれぞれの言語でBTSへの愛をつづった付箋を読むのも楽しい。

芸術家のための思索の時間

🏠 INTRODUCTION

京畿道北部に位置する楊州、議政府、高陽は、ソウルと隣接しているためアクセスが良く、山と川の魅力もたっぷり。BTSの聖地には、カルチャー＆アートの最旬スポットもいっぱい。

📩 SPECIAL POINT

芸術を愛するARMYなら、楊州市立チャン・ウクジン美術館と議政府美術図書館は必見！ 図書館のブックキュレーションや、ユニークな建築デザインなど、すべてが極上のアート空間。

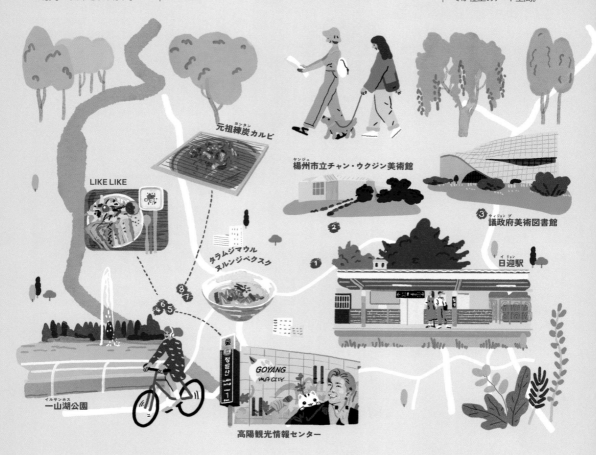

元祖練炭カルビ

LIKE LIKE

揚州市立チャン・ウクジン美術館

③ 議政府美術図書館

タラムジマウル
ヌルンジペクスク

日迎駅

一山湖公園

GOYANG MA CITY

高陽観光情報センター

京畿道北部
1日おすすめ
プラン

屋外にある聖地が多いので
帽子やサングラスがマスト。

日迎駅 → タクシーで10分 → 揚州市立チャン・ウクジン美術館 → タクシーで35分 → 議政府美術図書館 → タクシーで1時間 → 一山湖公園 → 徒歩10分 → 高陽観光情報センター

「Spring Day」MV撮影地

일영역／日迎駅

2004年まで旅客列車の駅だったが、廃線跡は貨物列車用に使われている。1961年に開業した当時のままの駅舎は、ミュージックビデオの世界そのものの冬はもちろん、青々とした緑がまぶしい夏に訪れても美しい。

경기도양주시장흥면삼리327
京畿道 楊州市 長興面 三上里327
031-855-5582

「Spring Day」MVと②実際の駅では、駅の看板に表示されている列車の行先が違っているので、チェックしてみて！

1＆3. Vが佇んでいた日迎駅のホーム
2. 駅の裏にある待合室

양주시립장욱진미술관／
楊州市立チャン・ウクジン美術館

RM's PICK

韓国近現代美術を代表する画家チャン・ウクジンを称えるために設立されたミュージアム。動線を考えた造りになっている空間は、建築学的にも興味深い。建築家によると、チャン・ウクジンが描いた虎の絵をモチーフにデザインしたという。

경기도양주시장흥면권율로193
京畿道 楊州市 長興面 権慄路193
031-8082-4245
www.yangju.go.kr/changucchin/index.do

4. 入場券。大人1名の入場料は₩5,000
5. 自然豊かな山麓にあるチャン・ウクジン美術館

この像の先の丘の上がRMの撮影スポット！

RMが立った場所には、フォトスポットの目印が

いにしえの情緒が息づく京畿道北部

①日迎駅はBTSのTHE 2ND SPECIAL ALBUM『YOU NEVER WALK ALONE』のタイトル曲「Spring Day」のMV撮影地。ホームに立っていたVが線路に歩み寄り、耳を近づけて列車が走る音に思いをはせた、あの駅だ。ここは有名な聖地で、線路とホームでVのポーズを真似するARMYも。チャン・ウクジンの古宅と②楊州市立チャン・ウクジン美術館を訪れた時の写真を公開したRM。画家チャン・ウクジンに対する特別な愛情をもつRMの足跡もたどってみよう。彼が美術館に来た時に写真を撮った芝生には「BTS RM」とパープルの文字で書かれた丸い表示板が。ここに立って写真を撮れば、RMとおそろいの構図に！ ひとりで来た人は表示板の上に三脚を立てて写真を撮るのもおすすめ。

③

RM's PICK

의정부미술도서관／議政府美術図書館

2019年に開館した、韓国初のアートに特化した図書館。2020年に韓国建築文化大賞で優秀賞を受賞した、美しい建物にも注目。本を読むRMと同じポーズで写真をパシャリ！

🏠 경기도 의정부시 민락로 248
京畿道 議政府市 民楽路248
📞 031-828-8870
🌐 www.uilib.go.kr/art

RMの壁画

고양관광정보센터／高陽観光情報センター

首都圏電鉄3号線 鼎鉢山駅の1番出口のすぐ近く、RMの壁画が描かれている建物が観光情報センター。高陽市の観光情報を教えてもらえるだけでなく、韓服や伝統的な遊びも体験できる。

🏠 경기도 고양시 일산동구 중앙로 1271-1
京畿道 高陽市 一山東区 中央路1271-1
📞 031-904-0638

RMと同じ構図で写真を撮るなら、2階の階段を上がってすぐ左の端でカメラを構えて！

⑥
⑦

6. 図書館の外観もアート
7. 3階の「寄贈ゾーン」にあるRMが贈った本やメッセージは必見

일산호수공원／一山湖水公園

高陽市の象徴といえる市民の憩いの場。RMは「Ma City」で「漢江より湖公園が好きだ」と歌っている。

🏠 경기도 고양시 일산동구 호수로 731／京畿道 高陽市 一山東区 湖水路731
📞 031-8075-4347

④

⑧

毎年秋に高陽湖水芸術祭りが開催↓

⑨

8&9. 人口湖を中心に運動場や植物園などの多様な施設がある

❸議政府美術図書館はRMが寄贈したアートに関する本を見るためだけでも、行く価値アリ。アートと本が好きなRMがこの場所を気に入った理由がわかるはず。RMの高陽市への特別な思いは、「Ma City」の歌詞やさまざまなインタビューで広く知られている。RMは❹一山湖公園で湖を眺める姿をSNSに投稿。公園から徒歩10分のショッピングモールLafesta（ラフェスタ）やWesternDom（ウエスタンドム）は「Ma City」の歌詞に登場している。❺高陽観光情報センターのRMの壁画は横18メートル、縦12メートルと超ビッグ。マイクを握る姿からえくぼまで、リアルに表現。

JUNG KOOK's PICK

セットはドリンクと
スープ付き

10. LIKE LIKEの看板メニュー、
ブランチプレート
11. 壁にはJUNG KOOKのサインが！

라이크라이크／LIKE LIKE

10年以上同じ場所で営業を続ける、地元で有名なブランチカフェ。
シグネチャーメニューは、エッグベネディクトセット。甘い玉子と酸味
のあるサラダドレッシングのバランスが絶妙！

경기도 고양시일산동구무궁화로 8-19 살라마이다스빌
京畿道 高陽市 一山東区 無窮花路8-19 サムラマイダスビル

031-907-3885　　@ilsanlikelike

다람쥐마을누룽지백숙／タラムジマウル ヌルンジペクスク

名店が軒を連ねるエニゴル通りの老舗で、ヌルンジペクスク（おこげ入りの鶏
の水炊き）の専門店。香ばしいおこげとほろほろとほぐれる地鶏を一皿で味
わえる逸品。

경기도 고양시일산동구애니골길43번길 48　031-907-3601
京畿道 高陽市 一山東区 エニゴルキル43番キル48

おこげのお粥は、食べきれな
ければ、テイクアウトOK！

RM's PICK

RMが座ったのはエア
コンがあるところから
3番目のテーブルのソ
ファー席！

12. 店の手作りトトリムクサバル（どんぐりこんにゃく麺）
13. 2016年にRMが訪問！

V's PICK

원조연탄갈비／元祖練炭カルビ

エニゴル通りの中心にある炭焼きカルビ店。2022年までは
練炭を使っていたけれど、現在は炭火で肉を焼いている。素
朴な雰囲気と昔ながらの味で、地元の人たちに大人気。

경기도 고양시일산동구애니골길 42
京畿道 高陽市 一山東区 エニゴルキル42

0507-1405-7630

14. Vが愛犬ヨンタンの写真を撮った
元祖練炭カルビの外観
15. 炭火で焼く豚のヤンニョムカルビ

❻ブランチカフェLIKE LIKEにはJUNG KOOKのサインが！　料理好きなJUNG KOOKは、
JTBCのリアリティー番組「In the SOOP BTS ver.」でメンバーにフレンチトーストを振る舞った。
サインの前でフォトカードやJUNG KOOKのグッズを持って記念撮影をするARMYも。RMが訪れた
❼タラムジマウル ヌルンジペクスク。2階のカフェに上がる階段には芸能人のサインがいっぱい。
RMのサインは、すぐに見つけられるはず。❽元祖練炭カルビは、Vがペットのヨンタンと名前が同じ
店（練炭は韓国語で"ヨンタン"）の看板の前で撮った写真を公開して話題に。

聖地がいっぱい！の ドライブコース

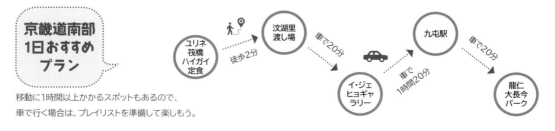

京畿道南部
1日おすすめ
プラン

移動に1時間以上かかるスポットもあるので、
車で行く場合は、プレイリストを準備して楽しもう。

V's PICK

電話やInstagramのDMで
「Vの席」を予約するのが
おすすめ！（英語可）

**유리네벌교꼬막정식
／ユリネ筏橋ハイガイ定食**
京畿道・楊平で味わう全羅南道・筏橋名物のハイガイ。Vはここで甘じょっぱい醤油だれで和えたハイガイと一緒にごはん1杯をペロリと完食。ていねいに砂抜きしたハイガイは、噛めば噛むほど味がでる。

📍 경기도양평군서종면하문호로터길 14-1
京畿道 楊平郡 西宗面 下汶湖ナルットキル14-1
📞 031-771-5839
📷 @yurine_ggomak

1. オーナー手作りのARMYコーナー
ARMYならVのグッズを置いてもOK
2. 醤油ハイガイ定食。おかずはおかわりできる

撮影スポットには
BTSのフォトが！

『BTS 2019 SEASON'S GREETINGS』撮影地

©西厚里の森

V's PICK

Vのプレイリストin 汶湖里渡し場
♪ Daniel Caesar –
「Please Do Not Lean」(Feat. BADBADNOTGOOD)
♪ The Weeknd –「Out of Time」
♪ Adele –「Easy On Me」
♪ Ed Sheeran –「Bad Habits」

4.西厚里の森の
芝生は、2023年
韓国観光公社の
広報動画にも登場

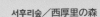

서후리숲／西厚里の森
ARMYの心をときめかせるSEASON'S GREETINGS。『BTS 2019 SEASON'S GREETINGS』のロケ地がここ。坂道があるため、歩きやすい靴で。

📍 경기도양평군서종면거북바위1길 200
京畿道 楊平郡 西宗面 コブクバウィ1キル200
📞 031-774-2387
🌐 www.seohuri.com

©イ・ギョンワン

문호리나루터／汶湖里渡し場
1950年代まで使われてた船着き場の跡地には石碑が。すぐ近くには、Vが北漢江を眺めながら音楽を聴いたあずまやがある。

📍 경기도양평군서종면문호리 752-2
京畿道 楊平郡 西宗面 汶湖里752-2

3. 汶湖里渡し場のあずまや。北漢江と散歩道の緑に癒される

絶景あふれる京畿道南部でドライブを楽しむ

2022年7月、BTS公式YouTubeチャンネル「BANGTANTV」にメンバーそれぞれがVlogをアップロード。Vは、楊平へドライブする様子を公開した。一緒に旅している気分になれるこの動画は、1か月で2000万回以上の再生数を記録。目的地を楊平に決めたVは、❶ユリネ筏橋ハイガイ定食へ。食事を終えた後、歩いて❷汶湖里渡し場に向かった。渡し場は、ユリネ筏橋ハイガイ定食から約137メートル、徒歩2分とすぐ近く。渡し場のあずまやに寝そべり、風に吹かれながら歌を口ずさんだ。❸西厚里の森では「小確幸（ソファケン）（小さいけれど確実な幸せ）」をコンセプトに『BTS 2019 SEASON'S GREETINGS』を撮影。森の道のあちこちに、フレームに入ったBTSのフォトが。写真を見ながらメンバーと同じポーズで思い出の一枚を！

京畿未来教育 楊平キャンパス

アメリカ・バージニア州スタイルの建物が目を引く、リゾート型教育施設。10万826平方メートルという広大な敷地で、体験活動や宿泊学習などに使われている。

- 🏠 경기도양평군용문면연수로 209
  京畿道 楊平郡 龍門面 延寿路209
- 📞 031-770-1500
- 🌐 www.gill.or.kr

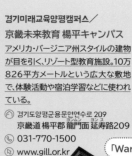

MVの冒頭シーンに登場するB10棟前にある時計塔

「War of Hormone」MV撮影地

プールは夏季シーズンだけ開放される

RM's PICK

駐車場前の管理事務所で「1日入場カード」をゲット

5. MVのサビでメンバーたちが群舞を踊ったB10棟前の芝生
6. プールも利用できる。入場料(大人)は₩5250(場合によって変動あり)
7. 学生と保護者が宿泊できる寮。学校関係者以外の一般客は団体利用のみ可能

イ・ジェヒョギャラリー

彫刻家イ・ジェヒョの作品世界を垣間見ることができる。職員によると、RMはファンのあいだで「展示会メイト」と呼ばれている友人と来訪したという。

- 🏠 경기도양평군지평면초천리 83-22
  京畿道 楊平郡 砥平面 椒泉キル83-22
- 📞 031-772-1402
- 📷 @ leejaehyo_gallery

8. 3階のカフェもアートな空間。作品を見たあとに、ドリンクをどうぞ

九屯駅(廃駅)

『BTS 2021 SEASON'S GREETINGS』撮影地

『BTS 2021 SEASON'S GREETINGS』に「ARMY駅」として登場したのが、九屯駅。1940年に開業し、2012年に閉鎖された無人駅だが、いまも昔の佇まいのまま。

- 🏠 경기도양평군지평면일신리 1336-9
  京畿道 楊平郡 砥平面 日新里1336-9
- 📞 031-771-2101

9.撮影時には看板が「ARMY駅」に

入場料にはドリンク1杯が含まれている

九屯ステイ

九屯駅から徒歩2分。線路を渡ると左側に一棟貸しのペンション、九屯ステイがある。周りの民家から離れているため、プライベートな滞在を楽しむことができる。

- 🏠 경기도양평군지평면구둔역길 16
  京畿道 楊平郡 砥平面 九屯駅キル16
- 📞 0507-1322-9215
- 📷 @kudunstay

ⓒ九屯ステイ

「War of Hormone」MVのロケ地は④京畿未来教育 楊平キャンパス。サビでダンスを踊った場所は、B10棟モンティチェロ・グローバル・リーダーシップ・センターの前。⑤イ・ジェヒョギャラリーは山の中にあるにもかかわらず、RMがコーヒーを手にした写真を撮ってインスタグラムに投稿した場所としてARMYのあいだで大人気。2階にあるカフェの入り口前、石をカーテンのように吊り下げたトンネルみたいな通路が撮影スポット。⑥九屯駅は『BTS 2021 SEASON'S GREETINGS』のロケ地。廃駅だが、ホームや線路などが昔のまま残っている。九屯駅の線路を渡ると赤い屋根の一棟貸しペンション⑦九屯ステイが見えてくる。『BTS 2021 SEASON'S GREETINGS』撮影中に、メンバーたちがここでひと休み。JINがセルカを撮った部屋も。

Agust D(SUGA)「Daechwita」MV撮影地

チケット売り場で「SUGA の MV ロケ地を見に来た」と伝えると、具体的な場所を地図で教えてくれる

장옥진고택

10.黒髪のAgust Dが縛られていた典獄署。円形の空間が壮大なスケールを演出
11. 市場通り。取材時はドラマの撮影中で入れなかった。撮影スケジュールは当日に変更になるケースもあるため、訪れる前に確認を

용인대장금파크／龍仁大長今パーク
韓国最大規模の時代劇用オープンセット。オールドカーに乗った黒髪のAgust Dが登場するシーンは、演舞場で撮影された。

「Daechwita」MVに登場するノリゲ（装飾具）をおみやげショップで発見！値段はW27,500

12. RMが写真を撮った洋館。洋館は展示がある時だけ一時的に開放される
13. チャン・ウクジン古宅には、韓屋2棟と洋館1棟、離れがある

- 경기도용인시처인구백암면천드라마길 25
京畿道 龍仁市 処仁区 白岩面 湧泉ドラマキル25
- 02-789-1675
- djgpark.imbc.com

ROCKSVILLE 22yd

「America's Got Talent 2020」撮影地

에버랜드락스빌／エバーランド Rocksville
韓国初の大規模テーマパーク、エバーランド内の仮想都市。Rocksville内のケンタッキーフライドチキンには、ARMYのための「Dynamite」にちなんだフォトスポットも。

- 경기도용인시처인구포곡읍에버랜드로 199
京畿道 龍仁市 処仁区 蒲谷邑 エバーランド路199
- 031-320-5000
- www.everland.com

14. ケンタッキーフライドチキンの前には撮影時に登場した青い車が置いてあったが、今は撤去されている。
15.「Dynamite」のサビをパフォーマンスしたY字路とフォトスポット

離れの展示室。観覧する時は靴を脱いで

RM's PICK

장욱진고택／チャン・ウクジン古宅
モダンな住宅のあいだにひっそりと佇む、現代美術家チャン・ウクジンの古宅。韓屋とチャン・ウクジンが建てた洋館は、2008年に近代文化遺産国家登録文化財に指定された。

- 경기도용인시기흥구마북로 119-8
京畿道 龍仁市 器興区 麻北路119-8
- 031-283-1911
- www.ucchinchang.org

SUGAがAgust Dとしてリリースしたソロアルバム『D-2』のタイトル曲「Daechwita」のMVを撮影した❽龍仁大長今パーク。具体的なロケ地は、市場通り、仁政殿（インジョンジョン）、演舞場、典獄署だ。❾チャン・ウクジン古宅は、RMお気に入りの現代美術家チャン・ウクジンが、1986年から他界するまで住んでいた家。2022年、龍仁文化財団の創立10周年特別展を洋館で開催した時にRMが訪問し、写真をSNSに投稿した。洋館は通常は開放していないものの、展示室として使用している離れはいつでも観覧OK。❿エバーランドRocksvilleは、テーマパーク内のゾーンのひとつ。アメリカのテレビ番組「America's Got Talent 2020」のために、「Dynamite」のパフォーマンスをレトロな雰囲気のセットで事前収録した。

会いたい！
食べたい！

夏、避暑、バケーションといえば江原道。江陵、高城、三陟など異なる雰囲気が魅力の海岸、そして湖のほとりの街、春川。BTSのメンバーがひとめぼれした江原道の絶景に会いにいこう。

青い海を見ながら味わう料理は最高！ 店長が作る料理とホスピタリティにVが魅了された名店、松池湖マッククスをチェック！

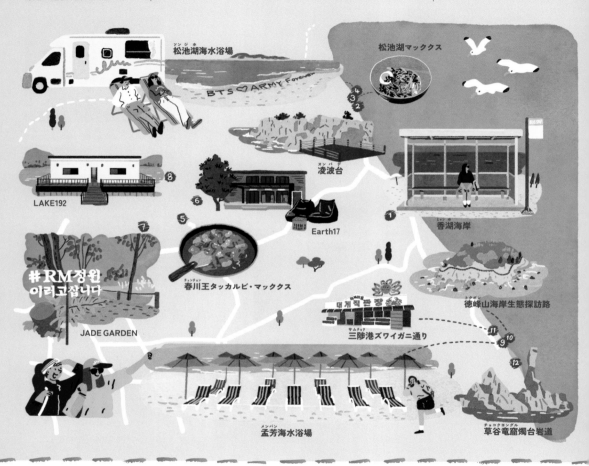

松池湖海水浴場

松池湖マッククス

凌波台

Earth17

LAKE192

#RM정원
이러고삽니다

JADE GARDEN

春川王タッカルビ・マッククス

三陟港ズワイガニ通り

徳峰山海岸生態探訪路

香湖海岸

草谷竜窟燭台岩道

孟芳海水浴場

江原道1日
おすすめ
プラン

三陟の孟芳海水浴場から
江陵&高城にGO！

孟芳海水浴場 → 香湖海岸 → 松池湖マッククス → 松池湖海水浴場 → 凌波台

車で1時間　車で1時間　徒歩15分　車で8分

1

향호해변／香湖海岸

江陵の最北端に位置する注文津海水浴場のすぐ隣にあるのが香湖海岸。青い空と海が広がる砂浜を歩いていくと、"バスが停まらないバス停"が見えてくる。

📍 강원도강릉시주문진읍향호리
江原道 江陵市 注文津邑 香湖里

『YOU NEVER WALK ALONE』ジャケット写真撮影地

注文津海水浴場の公営駐車場から案内板に沿って進めば、迷わず安心

BTSバス亭の前には、ARMYのロゴの形のカメラ台が。ここにカメラを載せると、ベストな構図の写真が撮れる

『2021 BTS WINTER PACKAGE』撮影地

2

능파대／凌波台

たえまなく奇岩怪石を打つ波が、白い泡とともにはじける。その様子が、美しい人が歩く姿をほうふつとさせるため、「凌波」と呼ばれるように。砕けてもまた打ち寄せる波は、BTSがデビューから今まで歩んできた姿にも重なる。

📍 강원도고성군죽왕면괘진길 65
江原道 高城郡 竹旺面 ケジンキル65

📞 033-249-3881

風化作用によって岩壁に空いた穴を「タフォニ」という

JUNG KOOK's PICK

V が座った席は、ファンのためにできる限り空けておくそう。店長とファンの手作りグッズを見るのも楽しい

V's PICK

송지호막국수／松池湖マッククス

V が仲良しの俳優パク・ソジュン、歌手Peakboyとバラエティー番組「IN THE SOOP フレンドケーション」の撮影で訪れた店。その後遠くの国からも人々が訪れる聖地に。グルメなARMYにおすすめ！

📍 강원도고성군죽왕면동해대로 5866
江原道 高城郡 竹旺面 東海大路5866

📞 033-631-0034

📷 @jjihyomum

JUNG KOOK がいっぱい食べる姿を見るだけで、ハッピーな気分に。マネージャーにおごってもらった「SANDSKETCH」のチャバタサンドイッチ

3

V が食べた刺身マッククスは大人気のため、いつもすぐにソールドアウト

송지호해수욕장／松池湖海水浴場

全長4キロメートルの白浜が美しい、高城の代表的なリゾート。キャンプVlogでJUNG KOOK が「BTS♡ARMY Forever」と砂に書いたのは、この浜辺。

📍 강원도고성군죽왕면
江原道 高城郡 竹旺面

📞 033-680-3356

🌐 www.songjihobeach.co.kr

JUNG KOOK のキャンプVlogによく映っていた島の前に無人島も見える

4

1. 「SAND SKETCH」は、オーシャンビューの絶景カフェ
2. JUNG KOOK の残り香を感じながら、砂にラブレターを書いてみて

青い海、完璧なバケーション

真っ青な海をバックに、バス停で明るく笑う7人の若者。2017年2月13日にリリースされたアルバム『YOU NEVER WALK ALONE』のジャケットを飾った❶香湖海岸のバス停はARMYに大人気の聖地。撮影後に撤去されたバス停は、ARMYのために復元された。香湖海岸から車で約50分のところにある高城の❷凌波台。巨大な岩が連なる凌波台で撮影された『2021 BTS WINTER PACKAGE』は、神秘的で威厳が感じられる雰囲気。2022年に放送されたJTBCのバラエティー番組『IN THE SOOP フレンドケーション』で、Vとパク・ソジュンが立ち寄った❸松池湖マッククスは、外国のARMYが団体で訪れる聖地になった。全長4キロメートルの❹松池湖海水浴場は、JUNG KOOKがキャンプVlogを撮影した場所。

3. 速成味噌で味付けしたタッカルビと、店内で製麺したマッククス
4. 壁にはデビューした頃の7人のサインと写真も

春川王タッカルビ・マッククス／
春川王タッカルビ・マッククス

5

春川の名物料理、タッカルビ。特においしいと評判なのが、50年の伝統を持つ鉄板焼きタッカルビ専門のこの店だ。コチュジャンではなくマクチャン(速成味噌)で味付けしているため、マイルドな味わい。

🏠 강원도춘천시충혼길5번길 2
江原道 春川市 忠魂キル5番キル2

📞 033-244-1577

南春川駅3番出口の歩道橋を渡って左手の2番目の店

어스17／Earth17

RMも、芝生のソファーに座って景色を眺め、物思いにふけっていたのかも。昭陽江を見つめながら楽しむコーヒーと、大型スピーカーから流れる音楽は、時の経つのをしばし忘れさせてくれる。

🏠 강원도춘천시신북읍천전리 34-5
江原道 春川市 新北邑 泉田里34-5

📞 033-244-7877

RM's PICK

6

RMが座っていた黒いソファーは、たぶんこれ！

5. ビーズ入りのソファーは座り心地抜群
6. 2階は音楽を楽しむヒーリングの空間
7. 1階には彫刻家イ・ジェヒョの作品も

Earth17

RM's PICK

7

제이드가든／
JADE GARDEN

「森の中で出会う小さなヨーロッパ」というコンセプトの樹木園。24のテーマで構成されたこの場所は、急な坂道があるため、歩きやすい靴が必須！ 虫よけ対策も忘れずに。

🏠 강원도춘천시남산면햇골길
江原道 春川市 南山面 ヘッコルキル80

📞 033-260-8300

メインの道を歩いていくと、先が二手に分かれる。左側の砂利道を進んでRMが写真を撮った苔の森へ！

8. 苔の森には「#RM庭園こんなふうに暮らしています」と書かれた目印がある
9. 左側が苔の森へと続く道

「In the SOOP BTS ver.」の撮影地

JUNG KOOKの寝室で認証ショット！

8

레이크192／
LAKE192

メンバー全員が宿舎以外で最も長い時間を過ごしたという、2階建てのペンション。芝生が美しい広い庭や水上コテージも。2009年に大韓民国建築大賞を受賞した。

🏠 강원도춘천시사북면가일길 555
江原道 春川市 史北面 佳日キル555

📞 0507-1310-4767

📷 @lake192

10. ゲストは1日に1グループのみ
11. 川辺のウッドデッキでお散歩も

---

❺春川王タッカルビ・マッククスをBTSが訪れたのは、デビューした2013年。入り口に貼られた当時の写真には、初々しい7人の姿が。2018年夏にRMがX(旧Twitter)に❻Earth17の庭で撮った写真を投稿した。カフェの1階はRMがInstagramに写真を載せるほど好きだという彫刻家イ・ジェヒョの作品も展示されているアートな空間。また、RMは❼JADE GARDENの苔の森で撮った写真に「#こんなふうに暮らしています」というハッシュタグを付けて投稿したことも。❽LAKE192はリアルバラエティー番組「In the SOOP BTS ver.」で約1週間過ごしたペンション。JUNG KOOKが自分の部屋に選んだ水上コテージなど、いたるところにメンバーのストーリーが散りばめられている。

9 「Butter」コンセプトフォト撮影地

맹방해수욕장／孟芳海水浴場
※造形物は2024年1月に撤去済み

海がきれいな江原道で、特に水が澄んでいることで有名な三陟。その真骨頂が孟芳海水浴場だ。800メートル続く白浜によって、パーフェクトな美しさに。水深1～1.5メートルと浅いため、海水浴にぴったり。

🅟 강원도삼척시근덕면맹방해변로
　江原道 三陟市 近徳面 孟芳海辺路
📞 033-570-3074

12&13. 7人が横になってポーズを決めていたサンベッドを再現。残念ながら2024年1月に撤去された

ウッドデッキの先には、驚きの光景が！

10

덕봉산해안생태탐방로／
徳峰山海岸生態探訪路

孟芳海水浴場から10分の距離にある小高い山。ウッドデッキを進むと幻想的な海の風景が広がる。1960年代に武装スパイ侵入事件が発生して以来立ち入り禁止となっていたけれど、2021年に半世紀ぶりに公開された特別な場所。

🅟 강원도삼척시근덕면교가리산136
　江原道 三陟市 近徳面 交柯里 サン136

11 JIN's PICK

삼척항대게거리／
三陟港ズワイガニ通り

聖地巡りも花より団子！ 海といえば欠かせないのが、新鮮なシーフード。地元で獲れたズワイガニとロシア産のキングクラブをリーズナブルに味わえる。

🅟 강원도삼척시삼척항길 196 일대
　江原道 三陟市 三陟港キル196一帯

「[EPISODE]BTS 'Butter' Jacket Shoot Sketch」でJINが「本当においしかった！」と語った大きなズワイガニ

14. 港の近くには刺身店が軒を連ねている

12 SUGA's PICK

초곡용굴촛대바위길／草谷竜窟燭台岩道

険しい海岸に位置し、以前は漁師が魚を捕るために海に出る時だけ見られたという竜窟、燭台岩、亀岩などの奇岩怪石を、今は気軽に見ることができる。草谷竜窟燭台岩道は長さ680メートルの散歩道とつり橋で構成されている。竜が昇天した場所と言い伝えられる竜窟と亀岩は、願い事を叶えてくれるという。

🅟 강원도삼척시근덕면초곡 236-4
　江原道 三陟市 近徳面 草谷キル236-4

ARMYならきっと、景色を目にした瞬間に「あっ！」と驚く❾孟芳海水浴場。かつては「Butter」のコンセプトフォトに写るパラソルやビーチバレー場などを再現したフォトゾーンがあった。❿徳峰山海岸生態探訪路から孟芳海水浴場を見渡すことができる。YouTubeに公開された「[EPISODE]BTS 'Butter' Jacket Shoot Sketch」で「海が広がって、魚もぴょんぴょん跳ねていて。タラバガニもこんなに大きいのがあって、すごくおいしかった！」と語ったJIN。「EatJIN」ことグルメなJINが魅了されたのが⓫三陟港ズワイガニ通りだ。同YouTubeでSUGAが「向こうに行くと美しい燭台岩があるんです」と愛情たっぷりに話した場所は⓬草谷竜窟燭台岩道。

バスでめぐる SUGAとVの 思い出が刻まれた街

⌂ INTRODUCTION

SUGAとVの故郷、大邱。SUGA
の学生時代の思い出を乗せた大
邱724番バスから、VがX（旧
Twitter）に写真を投稿した達城
公園まで、街のあちこちにBTS
の足跡が残っている。

◁ SPECIAL POINT

聖地のほとんどが大邱の中心部
に集まっているため、街の名所
と合わせて回ろう。長い歴史が
ある西門市場や大邱随一の繁華
街・東城路通りもぜひ！

大邱724番バス
慶尚監営公園（キョンサン ガミョン）
達城公園（タルソン）
釜山王トッポッキ
Welcome to SEOMUN MARKET
西門市場（ソ ムン）
V壁画通り
明徳駅 ムルベギ通り（ミョンドク）
大邱美術館

大邱1日
おすすめ
プラン

大邱は公共交通機関が発達しているため、
1日だけでもたっぷり楽しむことができる。

達城公園 → 徒歩10分 → V壁画通り → 徒歩6分 → 西門市場 → バスで20分 → 慶尚監営公園

大邱美術館 ← タクシーで25分 ← 明徳駅ムルベギ通り ← バスで20分 ← 釜山王トッポッキ ← 徒歩10分 ← 慶尚監営公園

SUGAがよく乗ったバス

1

대구724번버스／大邱724番バス

SUGAのミックステープ『Agust D』の収録曲「724148」に登場する大邱724番バス。ルートは北区邑内洞からSUGAの地元である北区太田洞を通り、寿城区新梅洞まで。達城公園、西門市場、東城路通りなど、大邱の名所を通る主要路線だ。

🚌 대구시북구읍내동(칠곡우방타운)~대구시수성구신매동(시지종점)
大邱市 北区 邑内洞(始発停留所：漆谷友邦タウン)
~大邱市 寿城区 新梅洞(終点：時至)

V's PICK

1&2. 2015年に達城公園を訪れたVは、動物園の前でもセルカを撮影

1 2

달성공원／達城公園

大邱市民なら誰もが一度は訪れる、長い歴史がある憩いの場。散歩にぴったりの小道や、鹿やウサギ、象などがいる小さな動物園も。

🚌 대구시중구달성공원로35
大邱市 中区 達城公園路35

📞 053-803-7350

Vが通った小学校

3. 認証ショットをパシャリ！
4. いろいろな国の言葉で「ボラへ」と書かれている

2

幼いVが写真を撮ったイブキの大木。正門を背にして左側の道を進むとイブキが登場！

3

뷔벽화거리／V壁画通り

Vの母校・大成小学校に造られた高さ2メートル、長さ60メートルの大型パノラマ壁画通り。ペンキではなくタイルで制作されたアートはクオリティー抜群。

🚌 대구서구비산동 166-4
大邱市 西区 飛山洞166-4

達城公園からV壁画通りまで歩いて移動するなら、達城公園路5キル(公園の外側に沿った道)がおすすめ。道のあちこちにVの壁画が↓

4

バスで大邱を完全攻略

SUGAの「724148」という曲名は❶大邱724番バスとソウルでよく乗っていた148番バスの番号を合わせたもの。大邱にあるBTSの聖地の多くはこのバスで訪れることができ、「SUGAバス」とも呼ばれている。バスでVの地元・大邱西区飛山洞近くの❷達城公園にGO！　公園には、Vが子どもの頃と2015年に同じ構図で写真を撮ってX(旧Twitter)に投稿したイブキの大木が立っている。思い出の木と一緒に、記念写真を撮ってみよう。❸V壁画通りは達城公園から徒歩で約10分。壁画の上部には、BTSとARMYの愛と信頼を意味する「ボラへ」が各国の言語で記され、その下にはVが好きな画家フィンセント・ファン・ゴッホの『星月夜』をモチーフにしたアートが描かれている。

いつも大賑わい。ラフな服装で行くのがおすすめ

こぢんまりとした敷地のなかに、休憩できる場所があちこちに

8. 緑豊かな公園で朝鮮時代にタイムスリップ

「シュチタ」(EP.6)で言及

서문시장／
西門市場

大邱を代表的する100年の歴史をもつ市場で、朝鮮時代の全国三大市場のひとつ。ナプチャクマンドゥ(べたんこ餃子)やスンデなどのご当地グルメ、衣類、絹・綿・麻織物など様々なものが並び、ローカルな大邱を満喫できる。

- 대구시중구달성로 50
  大邱市 中区 達城路50
- 053-256-6341

5. レトロかわいいフォトゾーン
6. 慶尚道名物のナッツ入りホットク
7. SUGAのソウルフードであるナプチャクマンドゥを屋台でどうぞ

경상감영공원／慶尚監営公園

1601年まで慶尚監営が置かれていた場所。宣化堂・澄清閣・善政碑などの文化遺産や涼しげな噴水が点在する静かな公園で、癒しのひとときを。

- 대구시중구경상감영길 99
  大邱市 中区 慶尚監営キル99
- 053-254-9404

부산왕떡볶이／釜山王トッポッキ

「釜山王トッポッキ」と呼ばれているが、正式名称は「釜山トッポッキ 大賢PRIMALL 大邱店」。千切りキャベツをたっぷり載せたトッポッキと、ナプチャクマンドゥのハーモニーをぜひ。

- 대구시중구국채보상로 580 대현프리몰대구 N1
  大邱市 中区 国債報償路580
  大賢PRIMALL 大邱N1
- 053-256-5482

9. 認証ショットを忘れずに！
10. 左上からナプチャクマンドゥ、千切りキャベツが載った米トッポッキ、スンデ

地下街にあるお店。大邱シティーセンター前の地下商店街入り口を下ると、すぐ左側にある。イートインスペースも充実

SUGA's PICK

大邱で必ず訪れたい❹西門市場。SUGAがソウルフードに選んだナプチャクマンドゥをはじめ、慶尚道名物ナッツ入りホットクなど、郷土料理がいっぱい。SUGAはオリジナルコンテンツ「シュチタ」で、大邱出身の俳優イ・ソンミンと下積み時代を回想しながら❺慶尚監営公園の思い出を語った。当時金銭的に余裕がなかった彼は、お年寄りがよく行く公園近くの食堂で食事していたが、制服姿のあどけないSUGAに優しくしてくれた店主がサービスで麺を食べ放題にしてくれたという。❻釜山王トッポッキは「トッポッキオタク」のSUGAが学生時代によく通っていた、ファンの間ではよく知られた店。もちもちとした米トッポッキとシャキシャキとしたキャベツの相性が抜群。

SUGAの音楽作業室があったエリア

11&13. クール＆キュート。様々な
SUGAに会える
12.「Yet to Come」の歌詞が書か
れたSUGAの壁画も

壁画の具体的な場所は、ガソリン
スタンドのS-OILかムルベギ韓定
食を目印に探してみて

SUGA

명덕역 물베기거리／明徳駅 ムルベギ通り

「水が一か所に集まった場所」という意味のムルベギ通りは、大邱の文化・芸術の中心地。かつてSUGAの音楽作業室があったこのエリアは今、ARMYによって造られた壁画が並ぶ聖地になった。

대구시남구명덕로 154 일대
大邱市 南区 明徳路154一帯

RM's PICK

대구미술관／大邱美術館

RMが訪れた大邱美術館は、骨太な展示で有名。過去にはイ・ゴニ・コレクション韓国近現代美術特別展「ウェルカムホーム：開花」、アレクサンダー・カルダーや、マルク・シャガールやジョアン・ミロなど巨匠たちの作品を集めた「モダンライフ」などが開催されたことも。

대구시수성구미술관로 40　大邱市 寿城区 美術館路40
053-803-7900
www.daeguartmuseum.or.kr

RMの真似を
して後ろ姿で
記念写真を！

14. 2023年に開催された所蔵品企画展「Not Paintings」

SUGAのソロ曲「INTRO: Never Mind」の背景となった❼明徳駅 ムルベギ通り。最寄りは、明徳駅の1号線1番出口、3号線3・4番出口。SUGAが歌手の夢を抱いて歩いていた道を追体験しながら、街角に隠れた壁画を探してみよう。美術愛好家として知られるRMは2021年7月に❽大邱美術館を訪れた。画家ユ・ヨングクの「山(1970's)」シリーズを鑑賞する姿をSNSに投稿したRM。彼が立った位置には「RM ZONE」と書かれたパープルの表示も。この展示は終了したものの、今も同じポーズで写真を撮るファンが後を絶たない。

BUSAN/釜山

JUNG KOOKとJIMINの故郷で思い出グルメを追体験

⌂ INTRODUCTION

JIMINとJUNG KOOKが生まれた釜山には、幼少期の思い出の地があちこちに。釜山を代表する観光地と常連の名店、Vlogを配信した場所などを一挙に紹介！

◁ SPECIAL POINT

グルメな街として有名な釜山。JIMINが子どもの頃に通った中華料理店「龍門閣」や書洞迷路市場にある40年の老舗マンナ粉食は、ぜひ訪れたい聖地。

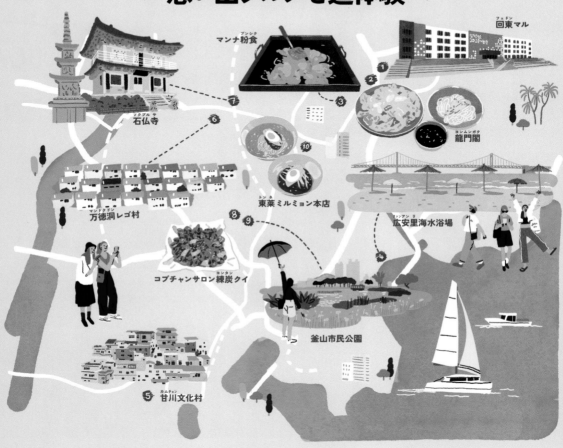

回東マル（フェドン）

マンナ粉食（プンシク）

龍門閣（ヨンムンガク）

石仏寺（ソクブルサ）

万徳洞レゴ村（マンドクドン）

東莱ミルミョン本店（トンネ）

広安里海水浴場（クァンアンリ）

コプチャンサロン練炭クイ（ヨンタン）

釜山市民公園

甘川文化村（カムチョン）

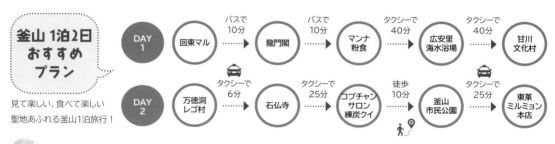

釜山 1泊2日 おすすめプラン

見て楽しい、食べて楽しい聖地あふれる釜山1泊旅行！

DAY 1

回東マル → バスで10分 → 龍門閣 → バスで10分 → マンナ粉食 → タクシーで40分 → 広安里海水浴場 → タクシーで40分 → 甘川文化村

DAY 2

万徳洞レゴ村 → タクシーで6分 → 石仏寺 → タクシーで25分 → コプチャンサロン練炭クイ → 徒歩10分 → 釜山市民公園 → タクシーで25分 → 東莱ミルミョン本店

体験プログラムは
事前予約が必要。
詳細はホームページ
（韓国語のみ）で確認を

1

JIMINが通った小学校 1

회동마루／回東マル

JIMINの母校・回東小学校を栄養教育の体験施設にリフォーム。「釜山の特産物」、「米とキムチの話」などの常設展示も。栄養（NU）コンビニやフルーツの形をした遊具があるプレイグラウンドなど、9つのブースで教育プログラムを無料で受けられる。

🏠 부산시금정구금사로 217
　釜山市 金井区 錦糸路217

🌐 home.pen.go.kr/bnec

釜山の旅は、JIMINのキャラクターCHIMMYと一緒に！

1. フルーツのチェアーが映える休憩スポット
2. 伝統的な「土地取り」ゲームをする小さなCHIMMY

용문각／龍門閣 2

JIMINが子どもの頃に通っていた中華料理店。30年以上続く、地元の人おすすめの老舗のひとつだ。ユニチャジャン麺の、甘みがありつつちょっぴりほんのりピリ辛のソースが絶品。

🏠 부산시금정구금사로 149
　釜山市 金井区 錦糸路149

📞 051-524-2374

ユニチャジャン麺とタンスユク（酢豚）とマンドゥ（餃子）の「JIMINセット」をぜひ

JIMIN's PICK

3. 店内はARMYが持ち寄った写真でいっぱい
4. JIMINが座ったテーブルには「予約席です」という案内文が
5. JIMINのサインには「長い間同じ場所で思い出を守ってくださり、本当にありがとうございます」と書かれている

맛나분식／マンナ粉食 3

釜山旅行で必ず訪れたいのが市場。入り組んだ道が迷路のような書洞迷路市場の一角に、JIMINの思い出がつまった軽食店、マンナ粉食がある。

🏠 부산시금정구서동시장길 42-4
　釜山市 金井区 書洞市場キル42-4

📞 051-522-9757

JIMIN's PICK

卵マンドゥは、カンジャン（醤油）につけて食べるのが基本だが、トッポッキのソースに浸して食べても甘辛でおいしい

6. 市場の入り口でパシャリ！
7. マンナ粉食は龍門閣の近くにある

懐かしの味を
追いかけて

JIMINが卒業した回東小学校の敷地をリニューアルした❶回東マル。JIMINは2019年、釜山教育庁をとおして1億ウォンを寄付し、地元の後輩たちに制服やサイン入りCDをプレゼント。釜山への深い愛情を表した。回東マルは釜山観光公社おすすめのBTSの聖地のひとつで、団体で訪れるARMYには「韓国料理作り」の体験が人気。近くにはJIMINが子どもの頃から通う中華料理店❷龍門閣がある。デビュー後にも訪れた「本物の常連店」で、昨年もここで食事をしたと店長が教えてくれた。JIMINが食事をした席は予約を取るのが激戦！❸マンナ粉食はJIMINが学生時代に間食を食べた店。人気メニューは、卵と春雨を混ぜて焼いた卵マンドゥ。壁にぎっしりと書かれた落書きのなかから、ファンがJIMINに宛てたメッセージを探すのも楽しい。

광안리해수욕장／広安里海水浴場

青い海が広がる、釜山を代表する観光地。ビーチから見わたす広安大橋は、昼も夜も絶景！

📍 부산시수영구광안해변로 219
釜山市 水営区 広安海辺路219

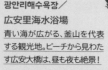

JIMIN's PICK

海沿いのカフェ通りには約100軒のカフェが。コーヒーを飲みながら広安里の景色を満喫するのにぴったり

8. フォトジェニックな「アンニョン、広安里」モニュメント
9. JIMINのオブジェが期間限定イベントで設置されたことも

JIMINとJUNG KOOKが描かれた壁画の位置は「甘川文化村 韓紙マウル」で検索すると見つけやすい

甘川文化村の全景は、ハヌルマル展望台から眺めるのがベストポジション！

감천문화마을／甘川文化村

近くで見ても遠くから見ても美しい甘川文化村。仲良く並んだパステルカラーの建物、個性あふれる壁画通りは、写真映え間違いなし。

📍 부산시사하구감내2로 203
釜山市 沙下区 甘内2路203

📞 051-204-1444

🌐 www.gamcheon.or.kr

レゴ村の全景は丘の上から見るのがおすすめ

만덕동레고마을／万徳洞レゴ村

JUNG KOOKの地元、北区 万徳洞近くにある、全54世帯が暮らすエリア。カラフルなおもちゃのような家が並ぶ様子がレゴを彷彿とさせるため、「レゴ村」と呼ばれるように。

📍 부산시북구상리로 70 백양중학교옆일대
釜山市 北区 上里路70 白陽中学校横 一帯

石仏寺に行くにはかなり急な坂を登る。ラクな服装で飲み物も忘れずに

10. 高さ40メートルの石仏も
11. 赤い建物は鐘堂。奥に本堂がある

석불사／石仏寺

日本統治時代の1930年に創建されたお寺。屏風のように広がる巨大な岩壁に彫られた16体の羅漢と29体の仏像が、荘厳な雰囲気をかもし出す。

📍 부산시북구만덕고개길 143-79
釜山市 北区 万徳コゲキル143-79

❹広安里海水浴場は2019年にJIMINがVLIVEで紹介した場所。2022年にはARMYが「ボラへ、釜山」をかけ声にプロギング（ゴミ拾いとジョギングをかねたフィットネス）イベントを開催した。釜山出身のJIMINとJUNG KOOKが描かれた壁画があるのは❺甘川文化村。世界中のARMYが記念撮影をする人気の聖地だ。JUNG KOOKが幼少期を過ごしたエリアにある❻万徳洞レゴ村の名前の由来は、カラフルな家が並ぶ様子がレゴに似ているから。釜山観光公社おすすめの「JUNG KOOKコース」のひとつ。近くには、同じく「JUNG KOOKコース」に含まれる❼石仏寺がある。急な坂の上に建つ、荘厳な岩の屏風で囲ったようなお寺は、まるで一幅の絵画のよう。

炭の香りが香ばしい コプチャン、
マクチャン、カルビを
一度に味わえるAセット

JUNG KOOK's PICK

12

8

곱창쌀롱연탄구이／コプチャンサロン練炭クイ

JUNG KOOKのお父さんの友人が営むコプチャンの店で、ARMYの聖地巡りの定番コース。人気のメニューは、練炭で焼いたコプチャンやマクチャン、カルビ、タッパルなどのセット。

🏠 부산시부산진구동평로223번길 44　釜山市 釜山鎮区 東平路223番キル44
📞 051-803-7787

入り口の奥にJUNG KOOKが座った席が。
日本から来たARMYのJUNG KOOKの
ぬいぐるみと一緒に記念撮影

12. JUNG KOOKのサインが
紫に輝くフォトゾーン
13. 店内はBTSグッズでいっぱい

13

9

V's PICK

부산시민공원／釜山市民公園

Vが訪れた、総面積47万1518平方メートルの大型市民公園。97種、約85万本の木が生い茂る緑地はもちろん、ギャラリー、劇場など、さまざまな施設がある。

🏠 부산시부산진구시민공원로 73
　釜山市 釜山鎮区 市民公園路73
📞 051-850-6000
🌐 www.citizenpark.or.kr

Vはハヤリア芝生広場をバックに撮った写真をX（旧Twitter）にアップ。カメラの位置には「BTS防弾少年団 Vの写真撮影場所」という目印が！

傘を手にVと
おそろいの写真を！

14

14. 広大な公園は都会のオアシス

15

RMが座った席はサインやグッズでぎっしり。この席で食事はできないけれど、写真を撮るのはもちろんOK！

동래밀면본점／
東萊ミルミョン本店

釜山の名物といえば、ミルミョンとクッパ。RMが訪れた東萊ミルミョン本店は地元の人にも人気の名店で、あっさりしながら味わい深いスープが自慢。

🏠 부산시동래구명륜로 47
　釜山市 東萊区 明倫路47
📞 051-552-3092

RM's PICK

16

10

15. BTSのデビュー10周年を祝う店の外観
16. ムルミルミョン（左）とビビンミルミョン

入り口からパープルで、聖地の雰囲気があふれる❽コプチャンサロン練炭クイ。2019年にJUNG KOOKが訪問したあと、ARMYの定番コースに。炭火焼の香ばしさとマイルドな辛さのコプチャンは、海外のファンも食べやすいお味。VがX（旧Twitter）にアップした写真1枚で聖地になった❾釜山市民公園。おそろいの写真を撮るなら、黒い傘を忘れずに。ハヤリア芝生広場は、巨大な木のオブジェが目印。RMが2杯をペロリとたいらげたという噂が伝わる❿東萊ミルミョン本店では、ムルミルミョンとビビンミルミョンを1つずつオーダーするのがおすすめ。ムルミルミョンは、すっきりとしながらも芳醇なスープが魅力で、甘酸っぱくてピリ辛なタレのビビンミルミョンはあっさりとしたうまみの逸品！

「光州baby」J-HOPEの源流をたどる旅

⌂ INTRODUCTION

J-HOPEの故郷、光州広域市。母校の国際高校や、ダンスを習った忠壮路通りのダンススクール、J-HOPEの壁画が描かれた路地など、魅力と発見があふれる聖地めぐりを楽しもう。

◁ SPECIAL POINT

光州は、韓国でも旅先として人気の地方都市。HOPE WORLDのオブジェ近くの忠壮路通りや東明洞カフェ通りは、若者に特に愛されているエリアだ。

国際高校
南道郷土料理博物館 ナムド
青春鉢山村 チョンチュンバルサン
JOY DANCE&PLUG IN MUSIC ACADEMY
錦南路4街駅 クムナム
HOPE WORLD
楊林洞ペンギン村 ヤンニム

光州 J-HOPEツアー 1日プラン

J-HOPEの壁画があるのは3か所。北側からひとつずつたどっていこう。

 光州 ソンジョン 松汀駅 → タクシーで30分 → 南道郷土料理博物館 → 徒歩2分 → 国際高校 → タクシーで20分 → 青春鉢山村 → タクシーで10分 → JOY DANCE& PLUG IN MUSIC ACADEMY

 楊林洞ペンギン村 ← 徒歩20分 ← HOPE WORLD ← 徒歩10分 ← 錦南路4街駅 ← 徒歩1分 ← タクシーで40分

J-HOPE壁画スポット1

남도향토음식박물관／南道郷土料理博物館

博物館の入り口前の道を左側に進むと……ジャーン！J-HOPEの壁画が現れる。J-HOPEが学生時代を過ごした光州北区エリアに「HOPEストリート」を作る計画が検討されているが、スタート地点といえるのがこの場所。「HOPEストリート」はJ-HOPEが卒業した西一小学校、日谷中学校、光州国際高校をつなぐ道のこと。

- 📍 광주시북구설죽로 477
  光州市 北区 雪竹路477
- 📞 062-575-8883
- 🕐 毎週月曜日 休館

1. タイルで作ったJ-HOPEの壁画
2. 全羅南道の郷土料理についての展示も。オンラインで予約すれば体験プログラムにも参加できる（韓国語）

博物館の1階には無料のインスタント写真機が！

日谷中学校

西一小学校

Tip 博物館の隣にある食堂「ジンシモク」のカンジャンケジャンは超おすすめ！ 美食の街・光州のなかでもぜひ訪れたい名店。ワタリガニをカンジャン（醤油）のタレに漬け、熟成させて食べる韓国伝統のカンジャンケジャンは絶品。これだけでごはん1杯はペロリといける。1人前W23,000（2人前以上で注文可）

「スマイル・ホヤ」時代

3. J-HOPEが卒業した西一小学校と日谷中学校
4. 国際高校の正門。J-HOPEファンの記念写真の名所

Tip 2023年に入隊したJ-HOPEの軍隊での食事が気になる方は、こちらをチェック！
X：@Hob1sFoodtray

국제고등학교／国際高校

学生時代から実力派ストリートダンサーとして知られ、光州では「スマイル・ホヤ」と呼ばれていたJ-HOPE。国際高校の文学（国語）教師だった父は、当初、ダンスを踊ることに反対していたそう。J-HOPEが歩いた校門前の道で、当時に思いをはせて認証ショットを。

- 📍 광주시북구설죽로 433
  光州市 北区 雪竹路433

スクールボーイ J-HOPEの ストリート

光州は北区、東区、西区、南区の4つに大きく分けられる。なかでも北区は、J-HOPEが小学校から高校までを過ごした街。光州市は、J-HOPEが学生時代の思い出のこのエリアに「HOPEストリート」を作る計画を立てている。地域の若手美術家が制作した壁画がある❶南道郷土料理博物館をスタート地点として、❷国際高校へと続く道のあちこちにJ-HOPEの壁画やオブジェなども設置されるという。故郷に特別な愛情を注ぐJ-HOPE。2023年に北区の発展のために寄付しただけでなく、2019年には母校・国際高校に通う後輩への奨学金用に巨額の寄付をした。博物館の正門側の大通りには、光州広域市を回るシティーツアーバスの停留所がある。シティーツアーバスは予約必須。https://www.gwangjuct.com/

ARMYの愛があふれる空間

1階にJ-HOPEの垂れ幕が

금남로4가역／錦南路4街駅

光州の地下鉄 錦南路4街駅には、ファンアート公募展で受賞した作品の展示空間がある。1回目の公募展のテーマだったBTS関連作品もいっぱい。J-HOPEのバースデーに、ARMYによるセンイル（誕生日のお祝い）広告で一番盛り上がるのがこの駅だ。

📍 광주시동구금남로 210　光州市 東区 錦南路210

5. 駅の中はファンアートがずらり
6. 駅から近い全日ビル245の2階にある南道観光センター。毎年2月18日のJ-HOPEの誕生日にはバースデーイベントのプレゼントがもらえる

東明洞カフェ通りにあるカフェ「ソニョ」。ここでJ-HOPEの誕生日パーティーが開かれた

中国語、スペイン語、アラビア語、イタリア語など、世界各地のファンの言語でメッセージが刻まれている

홉월드／HOPE WORLD ホープワールド

光州東区の「K-POPスターの道」には、J-HOPEのミックステープ『HopeWorld』にちなんだオブジェやJ-HOPEが座ったベンチが。この裏に位置する「青少年サムデザインセンター」には、J-HOPEのようにダンスやラップを習う学生たちのためのワークショップ用スタジオや小さなステージも。

📍 광주시동구중앙로160번길 31　光州市 東区 中央路160番キル31

J-HOPEが座ったベンチを見つけて！

조이댄스플러그인뮤직아카데미／JOY DANCE&PLUG IN MUSIC ACADEMY ジョイダンス＆プラグインミュージックアカデミー

J-HOPEが通ったダンススクール。小学校の時から1時間かけて通うほど、ダンスに並外れた情熱を持っていた。missAの元メンバー・スジンや東方神起のユンホなど、有名なアイドルを多数輩出。

📍 광주시동구중앙로 185 3층　光州市 東区 中央路185 3階
📞 062-223-0999

7. 1階のエレベーター前にファンが残したメモ
8. ダンススクールはこのビル3階

光州の学生に大人気の、忠壮路通りのウンソンキンパ。J-HOPEも食べたかも？

J-HOPEがファンに送ったメッセージとサインの銅板。貴重すぎる！

9. J-HOPEが座って写真を撮り、Instagramに投稿したベンチ
10.「K-POPスターの道」入り口に。HOPE WORLDのオブジェや光州出身のスターの写真、手形、フォトゾーンなど、わくわくいっぱいのストリート

「若者の道」と呼ばれる忠壮路通りの近くには、ファンアートを展示した❸錦南路4街駅と❺HOPE WORLDのオブジェが。J-HOPEは、多くの曲で故郷の光州について歌っている。代表的なのが「BTS Cypher PT.1」、「Ma City」、「Airplane」、「Chicken Noodle Soup (feat. Becky G)」。「Airplane」が収録されたJ-HOPEのミックステープ『HopeWorld』と「Chicken Noodle Soup」は、アメリカの「Billboard200」や、イギリスのオフィシャルシングルチャートトップ100にランクインした。また、東区には小学4年生の時からダンスのレッスンに通った❹JOY DANCE&PLUG IN MUSIC ACADEMYがある。韓国の民主化の象徴である光州の歴史を語り「僕は全羅南道光州baby」とシャウトした楽曲「Ma City」を機に、ファンたちは光州に愛情を寄せるようになった。

J-HOPE壁画スポット2

양림동펭귄마을／
楊林洞ペンギン村

2020年と2021年に中国のファンクラブがJ-HOPEの誕生日を記念して壁画を制作。そのひとつがここにある。迷路のようなペンギン村の道を進んでいくと、突然J-HOPEの壁画が！ 手でハートを作ったJ-HOPEと一緒に、記念写真をぜひ。壁画の前の小さなブランコでゆらゆら揺れながら、のんびりするのもいい。

광주시남구천변좌로446번길7
チョンビョンチャ
光州市 南区 川辺左路446番キル7

ペンギン村という名の由来は、地元のお年寄りの歩く姿がペンギンのようだったから

12

ペンギン村に行ったら、絶対に食べたいペンギンパン

イチジクとクランベリーのクッキーがおいしいカフェ「Ambrosia」

11. J-HOPEの絵が2つ描かれている
12. 壁画前にはファンのためのブランコが
13. ペンギン村には手作りアートがあちこちに

13

たくさんある見どころを道標でチェック

J-HOPE壁画スポット3

청춘발산마을／青春鉢山村

108段の階段を上り、いくつか路地を通りすぎると左側にJ-HOPEの壁画が。これはファンによって2021年に造られたもの。カラフルな階段はフォトジェニックな場所として有名。入り口にあるカフェ「青春ビレッジ」や、古い家をリフォームして造った工房、デザイン事務所など、散策が楽しいエリア。

광주시서구천변좌로112-2(주차장)
光州市 南区 川辺左路112-2(駐車場)

工房兼カフェの「青春ビレッジ」

청춘발산마을

14. 壁画で出会ったARMYと
15. 地域の再生事業で路地や屋根が鮮やかに塗り直された
16. 村の展望台からは光州市内を一望できる
17. コミュニティーセンター兼カフェの「青春ビレッジ」

パーフェクトなダンススキルを誇るJ-HOPE。BTSがまだ有名になる前から、「防弾少年団」といえば「ああ、あのチョン・ホソク（J-HOPEの本名）がいるグループ？」と言われるくらい、よく知られた存在だった。J-HOPEが語るダンスの秘訣は、ひたすら練習すること。「練習の虫」のJ-HOPEがオーディションを受けた時、担当者が「ちょっと出かけてくるから、ダンスの練習をしながら待っていて」と言い残して帰ってくるまでの3～4時間、ひたすら踊り続けていたという逸話は有名。そんな真摯なJ-HOPEに対するARMYの愛は格別だ。光州には、中国のファンがJ-HOPEの誕生日に合わせて企画した壁画が数か所ある。❻楊林洞ペンギン村や❼青春鉢山村の街角に描かれたJ-HOPEの壁画は、まるで訪れるファンへのプレゼントのよう。

悠久の古都を BTSと再発見

大陵苑
テルンウォン

⑤ イェッコウル土俗スンドゥブ

普門亭
ボムンジョン

Brown Sugar

BTS

韓国大衆音楽博物館

ソルゴ美術館

慶州校村村
キョチョン

月精橋
ウォルジョン

仏国寺
ブルグクサ

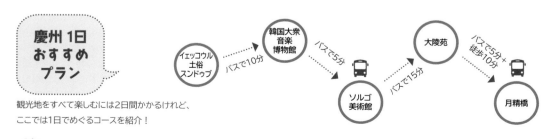

慶州1日おすすめプラン

観光地をすべて楽しむには2日間かかるけれど、
ここでは1日でめぐるコースを紹介！

イェッコウル土俗スンドゥブ ……バスで10分→ 韓国大衆音楽博物館 ……バスで5分→ ソルゴ美術館 ……バスで15分→ 大陵苑 ……バスで5分＋徒歩10分→ 月精橋

RM's PICK ①

대릉원／大陵苑

天馬塚、皇南大塚、味鄒王陵 など、23基の新羅の古墳が集まる大陵苑。RMが2019年に訪れたのを機に、ARMYの慶州旅行の定番コースに。

📍 경북경주시황남동 31-1
慶北 慶州市 皇南洞31-1

📞 054-771-8650

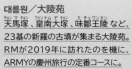

ARフィルターで
いにしえの装身具を
着けてセルカ撮影！

1. RMが写真を撮った、新羅の第13代王を祀る味鄒王陵。右に映るサルスベリがポイント
2. 大陵苑には拡張現実（AR）ゾーンも。二次元コードをスマートフォンでかざすと、古代の遺物が3Dで画面上に現れる
3. RMが写真を撮った場所は、裏門から行くのがおすすめ

월정교／月精橋 ②

RM's PICK

韓国国内最大級の木造橋。夜景が美しいことで知られる月精橋だが、RMが昼間に橋の上で撮影したスポットも魅力的。RMがもたれかかった木の柱から液が垂れることがあるのでご注意を。

📍 경북경주시교동 274
慶北 慶州市 校洞274

RMがX（旧Twitter）に
投稿したのはココ！

4. 夕暮れの月精橋
5. 門楼には橋の建築の歴史を紹介する展示スペース

RM's PICK ③

교촌마을／慶州校村村

名家として知られる慶州崔氏の一族が400年間住んでいた慶州崔富者宅や、有形文化財の慶州郷校など、伝統家屋が集まっている。観光客用の昔の遊び道具で、ゲームを体験するのも楽しい。

📍 경북경주시교촌길 39-2
慶北 慶州市 校村キル39-2

📞 054-760-7880

🌐 www.gyeongju.go.kr/gyochon/index.do

すべての季節が美しい慶州

RMが慶州を代表する観光地①大陵苑を訪れたのは、2019年1月のこと。X（旧Twitter）に投稿した写真のサルスベリの木は枝だけだったが、7〜9月には赤紫の花びらが満開になる。入り口前の表示板をチェックして天馬塚方向に歩いていけば、RMが写真を撮った場所がすぐに見つかる。彼は②月精橋でも写真を撮影。大陵苑から月精橋まで車なら3分で着くが、徒歩だと30分、バスに乗っても停留所から月精橋まで歩いて10分ほどかかる。ちなみに、近くのレンタル店で電動スクーターも借りられる。大陵苑と月精橋の次に目指す場所は③慶州校村村。RMが縁側で足を組んで座り、頬づえをついて写真を撮った場所がこの慶州校村村。敷地内にある慶州崔富者アカデミーでは、伝統的な遊びを体験できる。

④ 新人時代のBTS思い出の店

엣고을토속순두부／
イェッコウル土俗スンドゥブ
スンドゥブチゲと鴨の燻製豆腐ポッサムが自慢の食堂。RMが座った席には矢印の表示があるため、すぐに見つけられるはず。

🏠 경북경주시숲머리길132
　慶北 慶州市 スムモリキル132
📞 054-744-8252

⑤ RM's PICK

RMが座ったのはここ↓

からい土俗
スンドゥブチゲは
W12,000

10. カラフルな窓飾りがかわいい店の外観

브라운슈가／
Brown Sugar
庭のあるカフェ。ドリンクの他に、慶州名物の「大麦パン」とイ・サンボク銘菓の「慶州パン」など、ご当地パンも充実。

🏠 경북경주시밝은마을길5
　慶北 慶州市 パルグンマウルキル5
📞 054-746-0778
📷 @korea.brownsugar

6. 伝統家屋風の落ち着いた佇まい
7. BTSのサイン。窓辺にはファンが持ってきたグッズも
8. フルーツがにぎやかなワッフルとアイスアメリカーノ
9. 日当たりがよく、グリーンもいっぱいの店内

RM's PICK

한국대중음악박물관／
韓国大衆音楽博物館
韓国ポピュラー音楽の歴史と文化に関する資料を展示・保管する博物館。訪れたRMが写真をX(旧Twitter)に投稿したのをきっかけに、入り口に「Welcome ARMY」というタペストリーがかけられた。

🏠 경북경주시엑스포로9
　慶北 慶州市 エキスポ路9
📞 054-776-5502
🌐 www.kpopmuseum.com

11. 2階の企画展示室のBTSコーナーは必見！

④Brown SugarはBTSが新人の頃に訪問したカフェ。店のオーナーは、メンバーにチュロスを焼いたと当時を振り返る。今はチュロスの代わりに、旬のフルーツをのせたワッフルを販売。RMは慶州旅行中にアツアツのスンドゥブチゲを食べに⑤イェッコウル土俗スンドゥブを訪れた。オーナーによると、RMは知人と一緒にやってきたそう。気遣いあふれるオーナーは、RMがリラックスして食事ができるように、気づかないふりをしたという。テーブル席と座敷席があるが、RMが座ったのは座敷席。フォークギターの形をしたエントランスがユニークな⑥韓国大衆音楽博物館には、BTSコーナーが設置されている。展示空間にはBTSの歴史と受賞歴、メンバー紹介やグッズ、雑誌、衣装などがずらり。

⑦

『花様年華 pt.1』コンセプトフォト撮影地

보문정／普門亭
八角形のあずまやと池や木が美しい、いにしえの韓国にタイムスリップできる庭園。メンバーが撮影した時は桜が満開だったが、どの季節に訪れても絶景！

🏠 경북경주시신평동150-1 慶北 慶州市 薪坪洞150-1

⑨

불국사／仏国寺
ユネスコ世界文化遺産に登録されたお寺。新羅時代に創建された、歴史的遺産を観覧することができる慶州を代表する観光地。

🏠 경북경주시불국로385
慶北 慶州市 仏国路385
📞 054-746-9913
🌐 www.bulguksa.or.kr

RM's PICK

この釈迦塔の前でRMは、走るポーズで写真を撮った

©慶州市

12

13

15

RM's PICK

16

⑧

RM's PICK

慶州エキスポ大公園の正門。タクシーで来る場合「エキスポサムゴリ」を目指すとチケット売り場の前に着く

14

12. 美術館を設計したのは「貧者の美学」を実践する建築家スン・ヒョサン
13. 慶州エキスポ大公園入り口
14. 公園の入場券を購入すると、ソルゴ美術館も観覧できる
15. 公園のランドマーク、慶州タワー
16. RMが記念写真を撮った画家パク・デソンの「夢遊新羅桃源図」

솔거미술관／ソルゴ美術館
韓国画の巨匠 パク・デソンの常設展示の他、選ばれた作家たちの企画展示が行われる公立美術館で、慶州エキスポ大公園内にある。アメリカで開催されたパク・デソンの展示会を訪れるほど特別な愛情を持つRMも、ここに立ち寄った。

🏠 경북경주시경감로 614
慶北 慶州市 慶甘路614
📞 054-740-3990
🌐 www.gjsam.or.kr

韓国大衆音楽博物館から徒歩2分の距離にある⑦普門亭は、『花様年華 pt.1』のコンセプトフォト撮影地だ。風景写真家の間では有名だが、一般的にはあまり知られていない。コンセプトフォトのような桜を見るには、3～4月がおすすめ。美術愛好家のRMは、慶州でも美術館へ。2022年には⑨ソルゴ美術館を訪れ、パク・デソンの「金剛滝」前で記念撮影。⑨仏国寺にもRMのフォトスポットが。2019年1月、釈迦塔と釈迦塔にたどり着く手前の回廊の裏で撮った写真をX(旧Twitter)に投稿した。RMのフォトを事前にチェックして、同じようなポーズで撮ってみては。

大自然のリゾートでメンバーとおそろいの写真をパシャリ！

INTRODUCTION
済州島はRM、JIN、JIMINが休暇を過ごしたリゾート地。彼らは島のあちこちで写真を撮ってX（旧Twitter）などのSNSにアップ。その足跡をたどるために、多くのファンが訪れる。

SPECIAL POINT
芸術や哲学が宿る盆栽を通してRMの世界観に触れる「思索する庭園」や、JIMINとおそろいのキュートな写真が撮れる「スヌーピーガーデン」は5つ星スポット！

梨湖テウ海水浴場
MU:IN JEJU
Moonsso
スヌーピーガーデン
済州ベストヒル グランピング＆ペンション
PODO MUSEUM
挟才海水浴場
ヒョプチェ
本態博物館
ポンテ
幻想の森コッチャワル公園
南京味楽
ナムギョン ミ ラク
思索する庭園

済州島南西エリア 1泊2日 おすすめプラン

済州島は想像以上に広い。ルートを決める時には、移動時間と営業時間は必ずチェックして。

DAY 1 → MU:IN JEJU → タクシーで20分 → Moonsso → タクシーで5分または徒歩30分 → 挟才海水浴場 → タクシーで15分 → 思索する庭園 → タクシーで25分 → 南京味楽

DAY 2 → 幻想の森コッチャワル公園 → タクシーで11分 → 本態博物館 → タクシーで5分 → PODO MUSEUM

JINが撮影した場所を探すヒント！ オルレ漁村、CU（コンビニ）、PAIK'S COFFEEを見つけて！

1 **JIN's PICK**

1. JINが写真を撮った絶景ポイント
2. ビーチ内にある子ども無料海水プール
3. 浮き輪のレンタルは小型₩5,000、大型₩10,000
4. 映えスポット、木馬の灯台

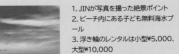

이호테우해수욕장／梨湖テウ海水浴場

JINが上半身を脱いだ後ろ姿の写真を撮ったビーチ。撮影スポットは、海水浴ができる場所の反対方向に歩いたところにある。小さい海水浴場だけど、プールや木馬型の灯台など見どころがいっぱい。

- 제주도제주시이호일동　済州道済州市梨湖1洞
- 064-728-3994
- www.visitjeju.net

무인제주／MU:IN JEJU

2

JIMINが逆立ちをして「ベンチショット」を撮った場所。サーファーの聖地、郭支海水浴場から250メートル、徒歩4分のところにある、まるでバリ島のようなミュージックカフェ＆ラウンジ。小道を進むと、青い野原とエメラルドの海、そしてJIMINの聖地、白いベンチが現れる。

- 제주도제주시애월읍금성5길44-9　済州道済州市涯月邑錦成5キル44-9
- 064-799-6633
- @muin_menu

JIMIN's PICK

5. 写真の建物を通り抜けるとベンチが見えてくる
6. 2022年1月、JIMINはここで撮ったフォトをInstagramに投稿

3

JIMIN's PICK

문쏘／Moonsso

JIMINが訪問する前から、写真映えで有名なレストラン。黒豚丼をオーダーすると、トーチを使って席で肉を炙ってくれる。

- 제주도제주시한림읍한림상로 15-5　済州道済州市翰林邑翰林上路15-5
- 064-796-4055
- @moonsso1942

カフェで飲食しなくても、ベンチで撮影OK！

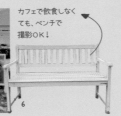

7. JIMINが座った「3番」の席。オーナーによると、同年代の男性と共に夕方5時頃に来店し、カニのカレー、黒豚丼、エッグインヘルを注文したそう

JIMINのサイン。当時のMoonssoのマネージャーの名前が書かれている

Moonssoの隣にあるセレクトショップCOUCOU JEJUにも行ってみて。パープルなアイテムがいっぱい！

美術館から韓国式庭園までメンバーのホリデイを追体験！

2022年6月、済州島を旅するJINがSNSにアップした写真が、大きな反響を巻き起こした。上半身をさらけだして、7人おそろいの友情タトゥーを公開したJIN。その写真を撮った場所が、❶梨湖テウ海水浴場。JIMINがInstagramにアップした、白いベンチの上で逆立ちをしている写真の撮影地は❷MU:IN JEJU。ARMYの間で「ベンチショット」として知られるフォトの再現にぜひチャレンジしてみて。❸MoonssoはJIMINが旅の途中で食事したレストラン。世界各地から集まったファンは、JIMINの席に座るためにオープンダッシュしたり、列に並んだり。オーナーによると、その席に座っていたBTSのファンでない韓国人のお客さんが、海外の熱烈なファンを見て譲ったという心温まるエピソードも。

협재해수욕장／挾才海水浴場

松林に囲まれたキャンプ場と遠浅の海岸は、子ども連れの
ファミリー客にぴったり。済州オルレ（トレッキングコース）の
一部で、金陵海水浴場とつながっている。

🏠 제주도제주시한림읍협재리 2497-1
済州道済州市 翰林邑 挾才里2497-1

📞 064-728-3981

8. JIMINと同じ海をバックにパシャリ！
9. テントのレンタル料は1〜2人用の小型
が¥20,000、3〜5人用の大型が
¥30,000、タープとシェードは¥20,000

JIMIN's PICK

🐟 鯉のエサは
¥1,000

6

생각하는정원／思索する庭園

RM's PICK

約1万3000坪の敷地に韓国固有の植木
や盆栽、怪石、水石などを配した、独創的な
庭園。2019年8月27日、RMは、ここで両
手を大きく広げた写真をX(旧Twitter)に
アップ！

🏠 제주도제주시한경면녹차분재로 675
済州道済州市 翰京面 緑茶盆栽路675

📞 064-772-3701

🌐 www.spiritedgarden.com

10. RMのポーズを再現！
11. 庭園を一望できるトルオルム
展望台のカフェ

환상숲곶자왈공원／幻想の森コッチャワル公園

溶岩の上に形成され、夏でも15度前後の温度
を保っている森林公園。足湯フットセラピー、観
葉植物の寄せ植え体験など、さまざまなプロ
グラムが楽しめる。

🏠 제주도제주시한경면녹차분재로 594-1
済州道済州市 翰京面 緑茶盆栽路594-1

📞 064-772-2488

🌐 https://hwansangforest.modoo.at/

5

JIMIN's PICK

魚が売り切れ次第閉店するので、
食事をする予定の人は訪問前に
問い合わせを！

7

欄干が高いので
落ちないように
気をつけて！

『花樣年華 pt.2』コンセプトフォト撮影地

ひとりで訪れても大丈
夫！ ガイドが50分間
同行して原生林を案内
してくれる

ⓒ幻想の森コッチャワル公園

남경미락／南京味楽

2021年12月22日、JIMINが美しい夕日
を背景に撮った写真をInstagramにアッ
プ。撮影したのは、刺身店「南京味楽」前の
小さな空間。店では天然のアラ、イシダイ、キ
ジハタなどを味わうことができる。

🏠 제주도서귀포시안덕면사계남로 190-7
済州道 西帰浦市 安徳面 沙渓南路190-7

📞 064-794-0055

12. JIMINがちょこんと
座った位置はここ
13. 海を眺めながら
新鮮なお刺身を

❸Moonssoからほど近い❹挾才海水浴場には、テントを借りてのんびり過ごせるキャンプ場があ
る。JIMINと同じようにキャンプ場の前で、黒い玄武岩と銀色に輝く海をバックに記念写真を。自然
の息吹を感じられる❺幻想の森コッチャワル公園は、アルバム『花樣年華 pt.2』のコンセプトフォト
撮影地。アートはもちろん、盆栽への関心も高いRMは、木と盆栽に関する哲学をモチーフにした❻
思索する庭園で撮ったフォトをX(旧Twitter)に投稿した。JIMINが赤く染まった夕日をバックに欄
干に座って撮影した場所は、刺身店の❼南京味楽。天然魚を扱っているため、刺身の値段はちょっと
お高め。ただ、食事はせずに立ち寄ってフォトを撮るだけでもOKだ。写真でJIMINの手の甲に貼ら

8

JIMIN's PICK

©PODO MUSEUM

作品の音声ガイドは、描写が豊かなバージョンと、子ども目線のバージョンがある

포도뮤지엄／PODO MUSEUM

南京味楽で撮影したJIMINの写真を拡大してよく見ると、手の甲に貼られた紫のステッカーが。それに気づいたARMYが、ステッカーはPODO MUSEUMの入場券だと特定して話題に！

제주도서귀포시안덕면산록남로788
済州道 西帰浦市 安徳面 山麓南路788

064-794-5115

www.podomuseum.com

본태박물관／本態博物館

芸術に造詣が深いRM。2019年8月19日にBTSの公式X(旧Twitter)に投稿した済州島の写真4枚のうち3枚は、ここで撮影されたもの。

제주도서귀포시안덕면산록남로762번길69
済州道 西帰浦市 安徳面 山麓南路762番キル69

064-792-8108

www.bontemuseum.com

RM's PICK

上の写真の階段踊り場が、RMが立った場所。1～2段下から見上げるように写真を撮ると、同じ構図を再現できる

9

10

JIMIN's PICK

14

15

16

스누피가든／スヌーピーガーデン

『PEANUTS』の世界観と原作者チャールズ M. シュルツの哲学が垣間見られるテーマパーク。約2万5000坪の野外ガーデンと、「Relationship」「Daily Life」など5つのテーマホールがある癒しの空間。

14. 湖のほとりの渡し場でJIMINとおそろいショット
15. 「ウッドストックのビッグネスト」近くの森で、JIMINと同じ空を見上げて
16. JIMINがInstagramに載せたライナスの像は屋外ガーデンを出てすぐの場所に

제주도제주시구좌읍백조로930
済州道 済州市 旧左邑 金白鳥路930

064-903-1111

www.snoopygarden.com

『花様年華YOUNG FOREVER』ジャケット写真撮影地

11

買えるのはここだけ！
熱気球バッジ
₩15,000

YOUNG FOREVER
Jeju Best Hill

©済州ベストヒル グランピング＆ペンション

제주베스트힐글램핑&펜션／済州ベストヒル グランピング＆ペンション

「バンタンカフェ」ではアルバムジャケットの熱気球をモチーフにしたバッジやクリアファイル、ポストカードなどのグッズを販売。熱気球体験はもちろん、ドーム型施設でのグランピングや、ペンションでの宿泊もできる。

제주도제주시조천읍남조로2109-36
済州道 済州市 朝天邑 南朝路2109-36

070-4400-3300

http://m.jejubesthill.com

れていた紫のステッカーについてARMYが調べると、⑧PODO MUSEUMの入場券だと判明！PODO MUSEUMから遠くないところにある⑨本態博物館には5つの展示館が。RMはここで3枚の写真を撮り、Xで公開した。1展示館と3展示館、5展示館の近くが撮影スポット！　⑩スヌーピーガーデンは年齢問わず誰でも楽しめるテーマパーク。JIMINがInstagramに投稿した写真の撮影場所は、すべて野外ガーデンにある。『花様年華YOUNG FOREVER』のジャケット写真を飾ったカラフルな熱気球を見られるのが⑪済州ベストヒル グランピング＆ペンション。20人以上の団体で訪れた場合、熱気球の風船部分に入る体験も！

PART

BTSメンバーの幼少期の思い出が宿る名店、趣味、MV撮影地など、新たな旅のかたちを楽しむことができる「テーマでめぐる聖地」。ひとつのテーマにしぼると、より深みある旅行を楽しむことができるはず。7つのテーマから、あなたの趣味に合ったプランを見つけてみて。

BTS

THEME 1. **幼少期**　　　THEME 2. **練習生時代**

THEME 4. **ミュージックビデオ撮影地**

THEME TOUR

こだわりの
テーマでめぐる
聖地の旅

あの頃の
思い出の場所

芸能人になるという夢を抱いていた時代、
彼らはどこで何をしていたのだろうか？
ゆかりの場所をチェック。

#大邱　#釜山　#光州　#高陽

SUGAの母校を通る
「大邱724番バス」
SUGAの地元、北区太田洞を経由
する市内バス。SUGAがソウルに上
京する前、いつも乗っていたそう。高
校時代からソウルで練習生になるま
での過程を歌った曲「724148」の
724がこのバスの番号。

#書洞迷路市場 ソドンミロ
その名のとおり迷路のような
市場の一角にあるマンナ粉食。
店番号1-82を手がかりに探
してみよう。

#コスパ
卵マンドゥ・スンデ・トッポッキ・キンパに
ドリンク2つオーダーしてもたったの
₩8,000！　コスパ最強！

#マンナ粉食 ブンシク

🏠 부산시금정구서동시장길42-4
　 釜山市 金井区 書洞市場キル42-4
📞 051-522-9757

#カンジャン（醤油）？
それともトッポッキソース？
卵マンドゥはマンナ粉食特製の醤油ダレ
をつけるのがおすすめ。甘辛なトッポッ
キのソースとも相性抜群！

#卵マンドゥ
店の看板メニューは
卵マンドゥ。

#JIMIN's pick
JIMINが中学生の時に
よく通っていた軽食店。

Vが遊んだ「達城公園」 タルソン
Vが幼少期を過ごした大邱市 西区 飛山洞。ピサン
ファンは達城公園があるこの場所を、Vにち
なんで「V山洞」と呼んでいる。日本のある雑ピサン
誌で「韓国に行ったら必ず訪れたいBTSの
聖地巡礼地」と紹介されたことも！

🏠 대구시중구달성공원로 35
　 大邱市 中区 達城公園路35

©JOY DANCE&PLUG IN MUSIC ACADEMY

J-HOPEがアイドルの夢を育んだ
「JOY DANCE&PLUG IN MUSIC ACADEMY」
デビュー前からダンスがうまいことで知られていたJ-HOPE。彼が光州でダンスの実力を磨いたのが、このスクール。通っていたのは小学4年生から高校1年生までの間。真面目に努力する姿勢とずばぬけた実力が認められ、HYBEのオーディションを受けるチャンスを得たというのは有名なエピソード。

🏠 광주시동구중앙로185 3층　光州市 東区 中央路185 3階
📞 062-223-0999

#歌う噴水
音楽に合わせた噴水ショーも
(毎年4月〜10月に開催)。

#一山湖公園をぐるりと1周
公園の散歩道は5.8キロメートル。ゆっくり歩くと2時間ほどかかる。

イルサンホス
#一山湖公園
🏠 경기도고양시일산동구호수로731
京畿道 高陽市 一山東区 湖水路731
📞 031-8075-4347

©高陽市

#国内最大 花のお祭り
一山湖公園では、毎年高陽国際花博覧会が開かれる。

#サイクリングロードを走る
湖のほとりのサイクリングロードに沿って、自転車に乗ってみよう。

JUNG KOOKの地元、釜山「万徳洞レゴ村」
JUNG KOOKが幼少期を過ごし、思い出が残る街、釜山市万徳洞。立ち並ぶ一軒家のカラフルな屋根がまるでレゴのようであることから「レゴ村」と呼ばれている。釜山観光公社が厳選した「JUNG KOOKツアー」コースの聖地のひとつ。

🏠 부산시북구상리로70 백양중학교옆일대
釜山市 北区 上里路70 白陽中学校横一帯

© Visit Busn

論峴洞「最初の宿舎」
BTSの練習生時代最初の宿舎。「Run BTS!」（2022 Special Episode – Telepathy）でなんと4人ものメンバーが、楽しい思い出の残る場所に挙げた。「Run BTS!」撮影時にメンバーが入り口の柱に残した付箋は、NAVER Mapのロードビューで見ることができる。

📍 서울시 강남구 논현로149길 17-3
　ソウル市 江南区 論峴路149キル17-3

#鶴洞公園（ハクトン）
📍 서울시 강남구 강남대로140길 47
　ソウル市 江南区 江南大路140キル47

THEME ②
練習生時代

血、汗、涙の跡を探して

練習生時代の足跡があちこちに残る江南（カンナム）エリア。それぞれの聖地が近くにあるため、1日で十分まわることができる。

#江南　#松坡（ソンパ）

#仲直りした場所
いわゆる「マンドゥ事件」で喧嘩したJIMINとVは、ここで仲直りした。

#2014年秋夕（チュソク）
秋夕に合わせて韓服を着て撮影したあずまやもある。

#BTSのブランコ
地元の人たちには「BTSブランコ」として知られている。

#「N.O」
「N.O」のパフォーマンスの練習で汗を流したことも。

#「Run BTS!」
「2022 Special Episode – Telepathy Part 2」に登場！

「カフェHYUGA」に生まれ変わった宿舎
宿舎時代から大規模なリノベーションをしているけれど、エアコンや壁にかつての部屋の痕跡が。カフェの中を回りながら「ここはどのメンバーの部屋だったのかな？」と想像しているファンの姿も。

📍 서울시 강남구 논현로119길 16 우성빌리지뒷담길
　ソウル市 江南区 論峴路119キル16 ウソンビレッジティッタムギル
📞 02-3444-2022

デビュー当時の事務所
「チョングビルディング」
HYBEの母体となったBig Hit Entertainment
が入居していたビル。パープルのアイテムに身を包
んだARMYが、ペンを手に愛あふれるメッセージ
を壁に残す姿も。

🏠 서울시강남구도산대로 16길 13-20
　　ソウル市 江南区 島山大路16キル 13-20

#青いハート
メニューに注目！ 青いハー
トマークが、メンバーお気に
入りの料理。

#バンタンビビンバ
「バンタンビビンバ」と呼ばれる
黒豚の石焼きビビンバ。

#油井食堂 （ユ ジョン）
🏠 서울시강남구도산대로28길 14
　　ソウル市 江南区 島山大路28キル14 （トサン）
📞 02-511-4592

#グッズの寄付
店のオーナーがOK
すれば、好きなグッ
ズを寄付できる！

#智異山ファントコル土種黒豚 （チ リ）（ジョンフクテジ）
黒豚で有名な全羅南道·智異山の肉を
使ったメニューがいっぱい。

#地域住民の名店
ARMYだけでなく近所の
人たちも訪れる真の名店。

青春を謳歌した「ロッテワールド」
デビュー前の2013年3月17日、夢多き7
人の若者が楽しい時を過ごした場所。
JIMINはこの日の思い出をすごく大切に
していて、ロッテワールドのチケットをずっ
と財布に入れていると明かしたことも。

🏠 서울시송파구올림픽로 240
　　ソウル市 松坡区 オリンピック路 240
📞 02-1661-2000

巨大な肖像に
うっとり
BTS壁画ツアー

何気ない道や古い灰色の建物にも
命を吹き込む、BTSが描かれた壁画をめぐろう。

#光州 #大邱 #釜山 #高陽 #群山

**にっこり笑顔のJ-HOPEに会いに
「楊林洞ペンギン村」へ**
カラフルな壁画が古い建物を彩る楊
林洞ペンギン村。もちろん一番人気は、
J-HOPEが描かれた建物。地元・光州
出身のJ-HOPEが手でハートを作り明
るく笑っている姿に会える。

📍 광주시남구천변좌로446번길 7
　 光州市 南区 川辺左路446番キル7

#Vの母校
Vが通っていた大成小学校前に
高さ2メートル、長さ60メートル
の巨大壁画が誕生！

#V壁画通り
📍 대구서구비산동 166-4
　 大邱市 西区 飛山洞166-4

#路地裏旅行
大成小学校近くの路
地も、あちこちにステキ
な壁画が隠れているの
でチェックしてみて！

#V山洞
Vが子ども時代を過ごした大
邱市飛山洞は、ファンのあいだ
で「V山洞」と呼ばれている。

#ボラヘ
「ボラヘ」はBTSとARMYの
間で「サランヘ（愛してる）」の
ように使われる合言葉♡

#ファン・ゴッホ
ゴッホはVが好きな画家のひとり。
壁画の下部には「星月夜」をモチーフ
にしたアートが。

**JIMINとJUNG KOOKが描かれた
「甘川文化村」**
坂の上にある、独特な地形で有名な釜山の甘川文
化村。いたるところに壁画が描かれ、写真撮影する
観光客で賑わうこの場所に、釜山が故郷のJIMIN
とJUNG KOOKの2ショットが！

📍 부산시사하구감내2로203
　 釜山市 沙下区 甘内2路203
📞 051-204-1444

ARMYが一緒に作った
「高陽観光情報センター」RMの壁画

鼎鉢山駅（チョンバルサン）の2番出口から徒歩1分の高陽観光情報センター外壁には、大きなRMの壁画が！　愛らしいえくぼを見せて微笑むRMの絵は、ARMYと高陽市の協力で誕生。壁画の周りには、紫のオブジェもあちこちに。

🔍 경기도 고양시일산동구중앙로 1271-1
　京畿道 高陽市 一山東区 中央路1271-1

#ムルベギ韓定食
ヴィヴィットな黄色のSUGAの壁画は、食堂「ムルベギ韓定食」の隣に。

#明徳駅（ミョンドク）ムルベギ通り
🔍 대구시남구명덕로 154 일대
　大邱市 南区 明徳路154一帯

#南山洞地下作業室（ナムサン）
SUGAの音楽作業室があったのは、大邱の文化・芸術の中心地であるこの場所のすぐ近く。

#「INTRO:Never Mind」
SUGAのソロ曲「INTRO:Never Mind」の背景となったのが、このムルベギ通り！

#歌詞をかみしめる
作詞・作曲はもちろん、プロデュースもするSUGA。壁画に描かれた歌詞をかみしめて。

#1993
「1993」（SUGAが生まれた年）と描かれた壁画を見たいなら、「S-OIL ドウォンセルフガソリンスタンド」にGO！

BTS完体の壁画がある
「群山紙谷小学校」（クンサン ジゴク）

高さ5メートル、長さ60メートルの大迫力。7人全員がそろった壁画を手がけたのは、応援をこめて2021年から群山一帯にBTSの顔を描いてきたグラフィティアーティスト、イ・ジョンベ。

🔍 전북군산시신지길 26
　全羅北道 群山市 シンジキル26

美しい
ミュージックビデオの
世界へトリップ

どのシーンを切り取ってもまるでアートのような
ミュージックビデオ。その背景となった聖地へ！

#扶安 #龍仁 #盈徳 #楊平 #楊州 #堤川

ⓒ全羅北道

『花様年華 YOUNG FOREVER』
収録曲「Save ME」MV撮影地、
セマングム干拓地

日陰を作る建物がない、干拓地セマングム。ミュージックビデオにも目印となる建造物は映っていないため、ARMYさえも撮影地を特定するのが難しかったという。セマングム広報館の近くにあるBTSのフォトゾーンをチェック！

📍 전북 부안군 변산면 새만금로 6
全羅北道 扶安郡 辺山面 セマングム路6

#Agust D「Daechwita」
Agust Dのソロ曲「Daechwita」
MV撮影地。

#龍仁 大長今パーク
　　　　　テ ジャングム

📍 경기도 용인시 처인구 백암면 용천드라마길 25
京畿道 龍仁市 処仁区 白岩面 湧泉ドラマキル25
　チョイン　ペガム　ヨンチョン

📞 02-789-1675

#オールドカーに乗って
登場したAgust D

黒髪のAgust Dと「金D(金髪の
Agust D)が出会った演舞場。

#Agust Dのパネルを探せ
「Daechwita」を撮影したセットは、
Agust Dの写真がついたブルー
のパネルが目印。

#撮影スケジュールを確認
ドラマ撮影がある日は観覧
できないエリアがあるので
ご注意を。

「花様年華 on stage : prologue」
MV撮影地、景汀防波堤
　　　　キョンジョン

ミュージックビデオのラストでVが海へ飛び降りるシーンが撮影されたのが、この防波堤。残念ながら現在、動画に登場する鉄骨のオブジェはない。でも、ガッカリするのはまだ早い。左の写真の灯台は、JIMINがアルバム『花様年華pt.1』のコンセプトフォトを撮った場所。おそろいのポーズでパシャリ！

📍 경북 영덕군 축산면 경정리
慶尚北道 盈徳郡 丑山面 景汀里

©京畿道平生教育振興院

『DARK & WILD』収録曲
「War of Hormone」MV撮影地、
京畿未来教育 楊平キャンパス
「War of Hormone」のサビでメンバーたちが
踊ったのは、B10棟の芝生。キャンパス内でイ
ギリスのビッグベンを彷彿とさせる時計台を探
してみて。その前がB10棟だ。

📍 경기도양평군용문면연수로 209
　京畿道 楊平郡 龍門面 延寿路209

📞 031-770-1500

#MVを再現して写真を！
ホームから遠く離れた線路の上に
三脚を置いて、16:9のプレミアム
比率で認証ショットを撮れば、MV
とおそろいの雰囲気に。

#「Spring Day」MV撮影地
Vが誰かを待ちながら遠くを
見つめていた線路。

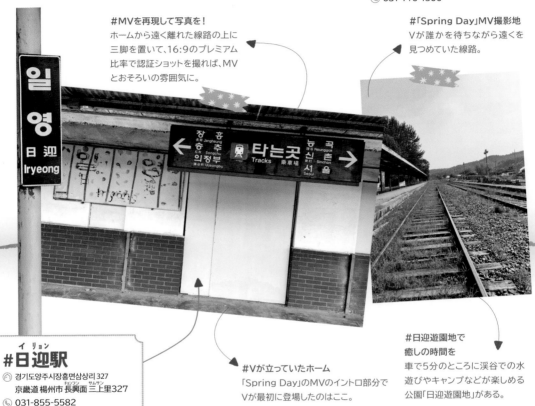

일영
日迎
Iryeong

#日迎駅
📍 경기도양주시장흥면삼상리 327
　京畿道 楊州市 長興面 三上里327

📞 031-855-5582

#Vが立っていたホーム
「Spring Day」のMVのイントロ部分で
Vが最初に登場したのはここ。

#日迎遊園地で
癒しの時間を
車で5分のところに渓谷での水
遊びやキャンプなどが楽しめる
公園「日迎遊園地」がある。

「EPILOGUE : Young Forever」
MV撮影地、茅山飛行場
40年以上飛行機が離着陸していない
茅山飛行場。メンバーたちはここで、滑
走路を歩くシーンを撮影。堤川市はこ
こに百日草を植え、市民のための公園
を造った。

📍 충북제천시고암동 1200-1
　忠清北道 堤川市 古岩洞 1200-1

©堤川市

BTSとおそろいの趣味を楽しむ

ふだんのBTSはどんな姿？
華やかなステージを離れた彼らの日常を近くに。
#龍山 #鍾路 #麻浦

自分だけのまな板を作れる
「HASH THE WOOD」
「[BTS VLOG] SUGA | Woodworking」で、「木工をやってみたかった」と明かしたSUGAが訪れた工房。SUGAのようにワンデイクラスで原木のまな板や照明、テーブルなどを作ってみては？
🏠 서울시용산구후암로 38
　ソウル市 龍山区 厚岩路 38
📞 070-8814-2627

#韓国伝統酒研究所
🏠 서울시종로구자하문로 62 3층
　ソウル市 鍾路区 紫霞門路 62 3階
📞 02-389-8611

 # ペク・ジョンウォン
伝統酒について学んでみたいというJINを韓国伝統酒研究所の所長に紹介したのは、料理研究家のペク・ジョンウォン！

#蝶の蜜壺
「[BTS JIN with ペク・ジョンウォン] 酔中JIN談」で入隊前に造った「無事除隊祈願酒」。

#審査委員
JINは最高の伝統銘酒を選ぶ「大韓民国 銘酒大賞」に特別審査委員として参加したことも！

#四海兄弟
JINが仕込んだ酒を介して皆が仲良くなるようにという願いを込めて、韓国伝統酒研究所所長のパク・ロクダムがつけてくれたレシピ・ブランドの名前。

#醸造場
醸造場を作らず、酒を配るのは酒税法違反に。メンバーたちとARMYにプレゼントするお酒を造るために、JINも醸造場を準備中。

「Allycamera」で体験するフィルムカメラ
将来の夢はフォトグラファーと語るほど写真への関心が高いV。何度かフィルムカメラで撮影したフォトを公開し、愛情を見せていた。「Allycamera」のワンデイクラスでは、フィルムカメラを借りて撮影することができる。いろいろなタイプのカメラが用意されているので、好みに合わせて選んでみて。
🏠 서울시마포구성암로 28 1동 103호
　ソウル市 麻浦区 上岩路28 1棟103号
📞 02-1666-0136

車中泊にぴったり!「松池湖海水浴場」
「BANGTANTV」に2022年8月6日にアップされた
Vlogで、JUNG KOOKがキャンプをした場所。海を眺め
グリルパンでサムギョプサルを焼いたあと、デザートの焼
きマシュマロまでぺろりと食べ、甘い日常を満喫した。松池
湖海水浴場は、駐車場が広く、トイレも設置されているの
で、JUNG KOOKのように車中泊するにも便利。

◎ 강원도 고성군 죽왕면　江原道 高城郡 竹旺面
☎ 033-680-3356

#金属工芸家
金属工芸を専攻したアーティストが
営む工房。

#オブジェ
ジュエリーだけでなく金属を
活用したオブジェと、インテリア
雑貨も製作!

 # くちばし
アクセサリーが大好きな JIMIN が、
2022年7月23日に配信した Vlog
で訪れた工房。ブレスレット作りに
夢中になりながら、唇がちょこん
と突き出すキュートな「くちばし」
の表情に。

©SILVER KIT HOUSE

#SILVER KIT HOUSE
◎ 서울시 용산구 신흥로36길 61층
　ソウル市 龍山区 新興路36キル6 1階
☎ 0507-1361-3413

#シルバーのバングル
シルバーのバングルを作って
JIMINとおそろいに!

#安全第一
のこぎりや工具を
使うので、ケガに
注意!

カラフルなビーズでいっぱい
「東大門総合市場アクセサリー商店街」
J-HOPEはVLIVEでビーズのブレスレットを作る姿を公開。
それぞれのメンバーに似合うビーズを選んだあとは、ARMY
のためのブレスレットも。東大門総合市場アクセサリー商店
街には、ブレスレットのパーツがいっぱい。集中すると心が落
ち着くブレスレット作りにぜひチャレンジしてみて。

◎ 서울시 종로구 종로 266
　ソウル市 鍾路区 鍾路266

RMの足跡をたどるアートな旅

アートに造詣が深いRM。
彼が愛する美術館を訪れてみよう!

#慶州 #原州 #大邱 #楊州 #釜山 #楊平
(キョンジュ) (ウォンジュ)

自然に囲まれた「ソルゴ美術館」
2022年2月、RMは韓国画の巨匠パク・デソン画伯の作品「夢遊新羅桃源図」を撮影し、Instagramにアップ。現在は別の展示が行われているが、荘厳な空間はRMが訪れた時のまま。

📍 경북 경주시 경감로 614
　 慶北 慶州市 慶甘路614
📞 054-740-3990

#MUSEUM SAN
📍 강원도 원주시 지정면 오크밸리2길 260
　 江原道 原州市 地正面 オークバレー2キル260
📞 033-730-9000

#原州シティツアーバス
原州駅前のバス停でシティツアーバスに乗れば、MUSEUM SAN前に停まる。

©MUSEUM SAN

#ウォーターガーデン
RMが写真を撮ったウォーターガーデンを背景にパシャリ!

#キム・ファンギ画伯
2019年8月19日、RMは西洋画家キム・ファンギ作の「無題」や「ECHO 22-I #306」などの作品を鑑賞する姿をX(旧Twitter)に投稿。

#安藤忠雄
コンクリート打ち放し建築の巨匠・安藤忠雄が設計した。

#紅葉
山の中にあるMUSEUM SANの紅葉。

バケットハットとTシャツを持って「大邱美術館」へ
2021年7月26日、RMが抽象画家、ユ・ヨングクの「山」シリーズを見る姿をX(旧Twitter)にアップし、聖地に。「RMオマージュ」の認証ショットを撮るARMYが後を絶たない。おそろいの写真を撮るなら、RMが身につけていた黒のバケットハットと白いTシャツで!

📍 대구시 수성구 미술관로 40
　 大邱市 寿城区 美術館路40
　 (スソン) (ミスルグァン)
📞 053-803-7900

あらゆる場所がSNS映えする
「楊州市立チャン・ウクジン美術館」
青々とした草木や幾何学的な建築の前など、すべての場所がフォトジェニック。RMは彫刻家キム・レファンの作品「猫の家族」などの写真をX(旧Twitter)にアップした。

📍 경기도양주시장흥면권율로193
　京畿道 楊州市 長興面 権慄路193

📞 031-8082-4245

#釜山市立美術館本館
アートを愛するRMは、釜山市立美術館をなんと4回も訪問！

#Instagram
「韓国現代美術照明4-イ・ヒョング」、「私は美術館に○○をしに行く」などを観覧した認証ショットをInstagramに投稿。

#所蔵品企画展「零点」
これまでRMが鑑賞した展示はすべて終了したけれど、常に見ごたえのある展示が企画されている。

#釜山市立美術館
📍 부산시해운대구 APEC로58
　釜山市 海雲台区 APEC路58

📞 051-744-2602

#サイン
「李禹煥空間」にはRMのサインが、RMの家には李禹煥のサインがあるんだとか！

#李禹煥
「もの派」を代表する美術家・李禹煥が自らの作品を寄贈・配置した別館。内部での撮影は禁止されていて、作品にだけ集中できる。

雨の日には「イ・ジェヒョギャラリー」へ！
彫刻家イ・ジェヒョの作品は、タイトルがないのが特徴。RMが写真を撮った作品はどれか、館内をじっくり1周しながら探してみよう。木の香りが漂い風情ある雨の日に訪れるのもおすすめ。

📍 경기도양평군지평면초천길83-22
　京畿道 楊平郡 砥平面 椒泉キル83-22

📞 031-772-1402

「全南道立美術館」でRMゾーンを探す
ここで撮影したRMの写真がBTSの公式X(旧Twitter)で公開されたのは、2021年10月のこと。「イ・ゴニ コレクション特別展：高貴な時間、偉大な贈り物」を見に来たRM。おそろいの認証ショットを撮るなら、「RMゾーン」を探してみて！

📍 전도광양시광양읍순광로 660
　全羅南道 光陽市 光陽邑 順光路660

📞 061-760-3290

キャベツとトック（お餅）のハーモニー、
「釜山王トッポッキ」
トッポッキ愛で知られるSUGAが、幼少期に
好きだったコショウトッポッキのお店。千切り
キャベツをトックに載せた、シャキシャキとも
ちもちの食感を味わって。

🏠 대구시중구국채보상로 580 대현프리몰대구 N1
　　大邱市中区 国債報償路580大賢PRIMALL 大邱N1
📞 053-256-5482

BTSが味わった絶品の数々を食べる

メンバーたちが訪れてサインや写真を残した、
「BTSのお墨付き」の名店を紹介！

#大邱　#釜山　#楊平　#高陽　#済州　#慶州

ヨンムンガク
#龍門閣

🏠 부산시금정구금사로 149
　　釜山市 金井区 錦糸路149
📞 051-524-2374

#予約席です
JIMINが座った席には「予約席です」
という案内文が！

#サイン
「2022年にもここを訪れた」
とオーナーが証言。壁には
JIMINのサインも。

#JIMINセット
JIMINが食べたのは、ユニチャジャン2人
前と酢豚、マンドゥの「ユニチャジャンセット
（通称JIMINセット）」！

**#つけて食べる派VS
かけて食べる派**
ソースがかかった状態で出てくるこの
店の酢豚は、「ソースをつけて食べる
派」をも魅了するサクサクな絶品。

#JIMINの行きつけ
釜山出身のJIMINが子
どもの頃から通った「ガ
チ行きつけ」の名店。

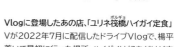

Vlogに登場したあの店、「ユリネ筏橋ハイガイ定食」
Vが2022年7月に配信したドライブVlogで、楊平に
着いて最初に行った場所。ハイガイは好きだけど辛い
ものは苦手だという彼は、醤油ハイガイ定食をオー
ダーし、おいしそうにペロリ。特製コチュジャンソースも、
老若男女問わず人気！

🏠 경기도양평군서종면하문호나룻터길 14-1
　　京畿道 楊平郡 西宗面 下汶湖ナルットキル14-1
📞 031-771-5839

© タラムジマウル ヌルンジペクスク

グルメストリートにある「タラムジマウル ヌルンジペクスク」
高陽の中でもおいしい店が集まるエニゴル地区の老舗。
メディアでもたびたび紹介され、RMだけでなくソン・ジュンギ
など著名な芸能人も多く訪れる名店。RMのサインは2階に
上がる階段の壁に掛けられている。ヌルンジペクスク（おこげ
入りの鶏の水炊き）だけでなく、トトリムクもこの店の名物な
ので、ぜひトライしてみて！

🏠 경기도고양시일산동구애니골길43번길 48
京畿道 高陽市 一山東区 エニゴルキル43番キル48

📞 031-907-3601

#ファイヤーショー
黒豚丼を注文すると、
目の前でトーチであぶる
ファイヤーショーが！

©Moonsso

**#JIMINが
食べた3品**
シグネチャーメニューの
麻辣カニカレー、エッグ
インヘル、黒豚丼。

#COUCOU JEJU
雑貨店COUCOU JEJUで
紫のアイテムをチェック。

#Moonsso
🏠 제주도제주시한림읍한림상로 15-5
済州道 済州市 翰林邑 翰林上路15-5
📞 064-796-4055

#3番テーブル
JIMINが食事をしたのは、3番
テーブル！ 窓側のお席。

ソルゴ美術館に行くなら「イェッコウル土俗スンドゥブ」
RMが訪れたソルゴ美術館から車で5分の距離にある
食堂。辛くて濃厚なスープにRMも、きっと魅了された
はず。彼がInstagramに認証ショットをアップしたの
がきっかけで、ARMYの聖地になった。座った席には
「RM Pick」と書かれた矢印のステッカーが。

🏠 경북경주시숲머리길 132
慶北 慶州市 スムモリキル132
📞 054-744-8252

BTSと
ソンミンス
ベスト5

「ソンミンス」とは推しのマネをしたり、おそろいにすること。普段はあまり興味がないことでも、BTSがやったと聞けば気になって、マネしてみたくなるのがARMY。BTSを愛する気持ちをこめて、気軽に楽しめるソンミンスをご紹介！

韓服
美しい伝統衣装をまとって写真を撮ってみよう

写真や動画でよく目にする、BTSメンバーの韓服姿。景福宮・慶熙宮・徳寿宮・昌徳宮などの近くには、お散歩用の韓服をレンタルできるお店があり、王宮は韓服を着ていると入場料が無料に。美しく身にまとい、お姫様気分で写真を撮ってみよう。
＊ソウル五大王宮は、景福宮・慶熙宮・徳寿宮・昌徳宮・昌慶宮。

**韓服で王宮に入場する際の
ガイドライン**

✓ ほとんどの王宮の近くにさまざまな韓服レンタルショップがあるので、お気に入りの店を探してみて！
✓ 伝統韓服と生活韓服、どちらでも入場料が無料に！
✓ 上衣（チョゴリ）と下衣（チマ、パジ）の両方を着ないと無料にならないので注意

JUNG KOOKのレシピ
「香ばしいブルマヨとエゴマ油のマッククス」を作ってみよう

「本当においしいから世の中の人全員に食べてほしいです」と、Weverse（ファンコミュニティープラットホーム）でJUNG KOOKが公開したエゴマ油のマッククスのレシピ。普段から料理を楽しむ彼は「ブルグリ（ブルダック炒め麺＋ノグリ）」など、さまざまなレシピを公開して話題に。器用でセンス抜群なJUNG KOOKの「香ばしいブルマヨとエゴマ油のマッククス」を作ってみよう！

JUNG KOOK RECIPE

❶ エゴマ油（スプーン4）、チャムソース（スプーン2）、ブルダックソース（スプーン1）、ブルダックマヨソース（スプーン1）、卵の黄身（1つ、カラザは取り除く）を混ぜてソースを作る。＊タマネギのみじん切り（1／4個分）、粉唐辛子（スプーン1）と刻みニンニク（スプーン1／4）を入れるとさらにおいしい。
❷ そばを5分間ゆでる。冷水で「チャチャチャチャチャ」とすすいで、ぬめりを取る。＊水気をしっかり切ると、ソースの味をしっかりと感じられる。
❸ 麺にソースを好きなだけかける。
❹ ジャバンのりをのせ、いりごまをふりかければできあがり！

センス満点JUNG KOOKのTIP

✓ 刻みのりではなくジャバンのりを使うこと！
✓ エゴマ油は必ず低温圧搾100％で！
✓ そばはそば粉30％以上で！

美術館
RMのように美術館を巡ってみよう

ソウルのファンギ美術館、慶州のソルゴ美術館、済州島の本態博物館など、全国各地の美術館を訪れて、InstagramにアップしたRM。アートを愛する彼は、2020年には国立現代美術館に1億ウォンを寄付。寄付金は絶版になった美術図書を復刊し、全国約400か所に寄贈するために使用された。その功労が認められて、RMは韓国文化芸術委員会が制定した「2020今年の芸術後援者大賞」の個人部門を受賞！ RMのように、身近な美術館をめぐる芸術散歩に出かけるのも楽しい。

登山
軽い山歩きや頂上を目指す登山にチャレンジしてみよう

JUNG KOOKとJINが訪れた河南の黔丹山、J-HOPEとRMが登った春川の龍華山、Vが歩いた峨嵯山。メンバーたちが山に登る様子を、BTSの公式X（旧Twitter）やHYBEのオリジナルコンテンツ、RMのInstagramなどで、目にしたARMYも多いはず。頂上まで登るのが大変な人は、軽い山歩きを計画してみよう。

山とコースを選ぶTIP

✓ JUNG KOOKとJINが登った京畿道河南市にある黔丹山は、ソウルから延びる地下鉄5号線の河南黔丹山駅3番出口から徒歩15分。アクセス良好！
✓ 龍華山があるのは、江原道春川市。J-HOPEとRMが登ったルートは、頂上まで最短距離の「大きな峠」コース

認証ショット
メンバーと同じポーズで認証ショット

SNSで「BTS聖地巡礼」と検索すると、ファンの投稿や記事がたくさん見つかる。BTSメンバーのInstagramや公式Xで公開された写真から彼らが訪れた場所を探しあて、マネして旅をするのが聖地巡礼の醍醐味だ。特に、メンバーと同じスポットでおそろいのポーズで認証ショットを撮る時の、パズルのピースを合わせるようなささやかなわくわく感は最高！

BTSとおそろいの写真を撮るコツ！

✓ この本のPART2をよーくチェックしてみて！ メンバーが撮影した場所とポーズをマネした写真があちこちに隠れています

コレクターのための
BTS GOODSガイド

街でBTSのグッズを売っているショップを
目にすると、思わず足が止まる。そんな
あなたにおすすめな、人気のお店とオンラ
インショップ、聖地で買えるグッズはこちら。

ON-LINE

Weverse Shop

「Weverse Shop」は、全世界の
K-POPファンのための公式商品ストア。
アーティストのアルバムだけでなく、オ
ンラインライブストリーミング利用
券、コンサートチケット、独占商品など
Weverse Shopでしか手に入らない
アイテムも。購入できるのはWeverse
の会員のみ。予約販売のスケジュール
などは公式ホームページとX（@
weverseshop）で告知される。

SANGSANG

ARMYが大好きな、メンバーをモチー
フにしたキャラクター、TinyTAN。
SANGSANGは、TinyTANのグッズ
販売サイトとInstagram、Xを運営し
ている公式ライセンスパートナーだ。
フィギュアはもちろん、ハンガー、歯磨き
セットなど、さまざまな商品が並ぶ販
売サイトには、メンバー別にグッズをチ
ェックできるページもある。

OFF-LINE

WITHMUU AKプラザ 弘大店（ホンデ）

弘大にあるファンダムショップ「WITHMUU」には、K-POPアイドルのアルバムやフォトカード、
フィギュア、ペンライトなど、グッズがいっぱい。もちろん、TinyTANのぬいぐるみ、フィギュア、そ
してアルバムなどのBTSグッズも並んでいる。入り口にはアルバムを1枚買うごとにフォトカー
ドがもらえるラッキードローの機械も。WITHMUUショップ内にあるカフェでひと休みしな
がら、グッズをオープンしてみるのも楽しい。

📍 서울시마포구양화로 188 AK플라자 2층　ソウル市 麻浦区 楊花路（ヤンファ）188AKプラザ2階
📞 02-332-0429

JIMINが食事をした済州のレストランMoonssoの隣にある雑貨店COUCOU JEJU。このショップでは、写真のポーチの他にもパープルカラーの商品が充実。Moonssoを訪れる際には、ぜひ行ってみて
ⓦ ₩12,000

『花様年華YOUNG FOREVER』のジャケットを撮影した済州ベストヒルグランピング＆ペンション内の「バンタンカフェ」では、熱気球をモチーフにしたクリアファイルやポストカード、バッジなど、ここだけのグッズがいっぱい
ⓦ 熱気球バッジ
₩12,000
スマートフォングリップ
₩5,000
クリアファイル₩3,000
ポストカード₩1,000

LINE FRIENDSとBTSがコラボして誕生したキャラクターのTATAとCHIMMY
ⓦ それぞれ₩17,000

ポーチ

熱気球バッジ

ぬいぐるみ

スマートフォングリップ

クリアファイル

スマートフォンケース

ノリゲのキーリング

ポストカード

RMの認証ショットで有名になった「高麗青磁エディション」のスマートフォンケースをゲットするなら、国立中央博物館1階のミュージアムショップへ！
ⓦ ₩18,000

「Daechwita」のMVに登場する碧色のノリゲ（韓服の帯に飾る装身具）。龍仁大長今パーク内のカフェ「太陽を抱く月」とギフトショップで購入できる
ⓦ ₩27,500

BTSのスタンプラリー

ソウル・完州・三陟の聖地をめぐるスタンプラリー。
BTSが訪れた場所はもちろん、おススメの観光地もいっしょに
回るコースを紹介。道場破りのように1か所ずつ訪問してみよう！

#ソウル夜景コース
BTSのデビュー10周年を記念して、BTSの聖地のなかでも夜景が美しいスポットをチョイス

景福宮 (キョンボックン)

1

2020年「ザ・トゥナイト・ショー・スターリング・ジミー・ファロン」撮影地
毎年秋に行われる、王宮がライトアップされる夜間観覧は、予約が取りにくいほど大人気

汝矣島漢江公園 (ヨイドハンガンコンウォン)

2

2023年「BTS 10thAnniversary FESTA」イベント会場
ソウルを一望できる汝矣島のランドマーク

『2019 BTS SUMMER PACKAGE』撮影地
伝統的な韓屋を中心に美術館と韓屋の宿泊施設が共存する複合文化空間

我園古宅 (アウォンコテク)

8

五城堤 (オソンジェ)

7

『2019 BTS SUMMER PACKAGE』撮影地
芝と木、花で彩られた趣がある貯水池園

ワールドカップ大橋 (ワールドカップテギョ)

3

2021年「ザ・トゥナイト・ショー・スターリング・ジミー・ファロン」撮影地
麻浦区上岩洞と永登浦区楊坪洞 (ヨンドゥンポ ヤンピョン) をつなぐ漢江の31番目の橋

#完州SUMMER PACKAGEコース
2015年から始まり、2019年まで続いた『BTS SUMMER PACKAGE』の最後の撮影地を巡るコース

ノドゥル島 (ノドゥルソム)

4

『BTS 2021 SEASON'S GREETINGS』撮影地
満月をモチーフにした直径12メートルのオブジェ「月明かりノドゥル」の前で写真をぜひ

文化備蓄基地 (ムナビチュッキジ)

6

2019年「Run BTS!」EP.87・88撮影地
石油備蓄基地だった場所を複合文化施設としてリフォーム

峨嵯山 (アチャサン)

5

汝矣島漢江公園 (ヨイドハンガンコンウォン)

2018年「Run BTS!」EP.44撮影地
登山道が整備されているので軽いハイキングにぴったり

完州 我園古宅

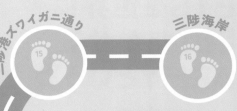

JINが訪れた聖地
三陟港の入り口から続く
通り。JINのお墨付きの
名物ズワイガニ料理を
味わってみて

三陟港ズワイガニ通り

15

三陟海岸

16

聖地とともにめぐる
おすすめスポット
孟芳海水浴場と恭譲王陵の間に
位置する、幅400メートルの小
さな海岸

威鳳山城
ウィボン

『2019 BTS SUMMER
PACKAGE』撮影地
威鳳寺、威鳳山城、威鳳滝など、
たくさんの史跡が集まる名所

9

徳峰山海岸
生態探訪路
トッポン

14

聖地とともにめぐる
おすすめスポット
奇岩怪石が並ぶ大海原と
趣ある海岸を満喫できる散策路

カフェ飛飛亭
ビビジョン

10

『2019 BTS SUMMER
PACKAGE』撮影地
ゆったりと流れる万頃江と
広い野原を見わたせる
絶景カフェへぜひ！
マンギョンガン

孟芳海水浴場
メンバン

13

「Butter」
コンセプトフォト撮影地
江原道地域の海岸で最長の
6キロの砂浜がある海水浴場

高山菖蒲村
コサン チャンポ

11

『2019 BTS SUMMER
PACKAGE』撮影地
清らかな自然で知られ、
4000坪を超える
菖蒲群落地がある

#三陟「Butter」コース
「Butter」コンセプトフォト撮影地を
中心に厳選したコース

孟芳海水浴場

鯨角山
キョンガク

12

『2019 BTS SUMMER
PACKAGE』撮影地
季節ごとに魅力的な表情を
見せるパラグライディングの名所

※2024年1月まで
設置されていた造形物です。
すでに撤去されました。

BTSを世界に羽ばたかせるARMYという翼

BTSを語る時に欠かせないもの。それはBTSの公式ファンダム「ARMY」だ。7人の若者を羽ばたかせる翼、ARMYのカルチャーを知るための7つのキーワード。

ARMYPEDIA

「ARMYたちで作るBTSの思い出保管場所」。「ARMYPEDIA」の趣旨について、公式ホームページは、こう説明している。BTSのファンダム「ARMY」と利用者参加型オンライン百科事典「Wikipedia」の合成語「ARMYPEDIA」は、いわばBTSのファンによるBTSの百科事典。BTSがデビューした2013年6月13日から2019年2月21日まで全2080日分のページには、ARMYが投稿した個人的な思い出がぎっしりと記されている。

ARMY

BTSの公式ファンダム。Adorable Representative M.C for Youth（若者を代表する魅力的なＭＣ）の略語「ARMY」は、英語で陸軍、軍隊という意味。防弾服は軍人にとって必需品であるように、BTS（防弾少年団）とファンクラブもいつも一緒だという思いが込められている。2013年12月9日に第1期ARMYの募集をスタートしたあと、2014年3月29日に創設式を開き、正式にファンクラブを結成した。

BIRTHDAY CAFE

推しのアイドルや芸能人、アニメのキャラクターなどの誕生日を祝うためにファンがイベントを開くカフェを「センイルカフェ」、略して「センカ」と呼ぶ。ポスターや額に入った写真などでカフェを飾ったり、ファンが選んだプレイリストの曲を流したりするセンイルイベントは、誕生日前後の3〜5日間開催されるのが一般的。ドリンクを買うと「特典」としてフォトカードやはがきなどをもらえることも多く、中には器用なファンが手作りしたキーリングやTシャツなどの手作りグッズをプレゼントすることも！ ARMYは、センイルカフェのスケジュールや場所を主にXでシェア。センイルカフェ情報をまとめた「BTSROAD」というウェブサイト（韓国語のみ）もある。

FESTA

毎年BTSのデビュー日である6月13日を記念して、約2週間開催されるイベント。FESTA期間にはメンバーたちの自作曲やダンス動画、ラジオ番組など、さまざまなコンテンツが公開される。世界中のARMYが首を長くして待っているこのイベントは、新人時代にメンバーたちが積極的にアイデアを出して誕生した。「いろいろなことをやってみたい」とメンバーが事務所に提案して実現したという。

10TH FESTA

2023年6月、ソウルのあちこちがパープルに染まった。BTSのデビュー10周年を記念した「2023BTS FESTA」が開催されたからだ。ソウル市庁から漢江に浮かぶ文化施設セビッソム、南山ソウルタワー、ワールドカップ大橋・盤浦大橋・楊花大橋・永登浦大橋まで、ソウルのランドマークがBTSカラーの紫色にライトアップ。また、汝矣島漢江公園ではBTSのデビュー10周年を記念するイベントや花火大会などが行われ、なんと30万人を超えるファンが集まった。

DONATION

積極的に寄付をすることで知られるARMY。新型コロナウイルス対策の寄付から、米国の人種差別抗議活動まで、寄付先の機関やテーマもさまざまだ。「Weverse Magazine」によると、2020年9月までに公式的に確認できた寄付額だけでも20億ウォンを超えるほど。世界中の非営利団体と協力して少額寄付を募る「One In An ARMY（OIAA）」や、ARMYの慈善活動を記録するウェブサイト「ARMYs Charity Map」など、ARMYが主体になって運営している機関があるのも特徴。

BTS FOREST

「RMの森1号」、「JUNG KOOKの森4号」など、漢江公園にはユニークな森がある。世界中のファンからの寄付金で造った、BTSの名前をつけた森。BTSは2021年、国連のイベント「SDG Moment」で、気候変動について声を上げ、持続可能な地球のために関心をもってほしいと訴えた。ファンも社会的企業とともにメンバーたちの誕生日を祝う森を造るなど、BTSの歩みに合わせて応援を続けている。

コンサート会場でたどる BTS成長記

5000人の観客を動員した初の単独コンサートから、韓国を代表して釜山国際博覧会の誘致祈願のため開催されたステージに立つまで……。ライブを行った韓国のコンサート会場を振り返りながら、BTSが現在の地位に上りつめるまでの道のりをダイジェストで。

2015

収容人数 約3000人

オリンピック公園オリンピックホール

서울시송파구올림픽로 424
ソウル市 松坡区 オリンピック路424

2015 BTS LIVE TRILOGY: EPISODE I. 'BTS BEGINS'

「7人の少年の原点を振り返るライブ」
7人のメンバーたちの原点に改めてスポットライトをあてたコンサート。生き生きとした自由奔放な少年たちが出会い、BTSになるまでのストーリーを盛りこんだライブだった

2015

収容人数 約5000人

SKオリンピックハンドボール競技場

서울시송파구올림픽로 424 올림픽공원
ソウル市 松坡区 オリンピック路424 オリンピック公園内

2015 BTS LIVE '花様年華 ON STAGE'

「デビュー後初の1位という栄光を手に立ったステージ」
THE 3RD MINI ALBUM『花様年華pt.1』のタイトル曲「I NEED U」で初めて音楽番組1位に輝く快挙を成し遂げたあとにコンサートを開催した場所

2014

収容人数 約1500人

YES24LIVE HALL

서울시광진구구천면로 20
ソウル市 広津区 亀川面路20

2014 BTS LIVE TRILOGY: EPISODE II 'THE RED BULLET'

「本物の歌手になる夢をかなえた場所」
デビューの翌年に開催された初の単独コンサート。BTSは「デビュー前から、コンサートをしてこそ『真の歌手』になれると思っていた」と明かしたことがある。思いを実現させた夢のようなコンサート会場

2016

収容人数 約1万5000人

オリンピック体操競技場(KSPO DOME)

서울시송파구올림픽로 424 올림픽공원
ソウル市 松坡区 オリンピック路424 オリンピック公園内

2016 BTS LIVE '花様年華 ON STAGE:EPILOGUE'

「エルトン・ジョンなど大スターと肩を並べた大舞台」
Agust D(SUGA)のミックステープ収録曲「The Last」に「AXから体操」という一節がある。AXとはYES24LIVE HALLの旧称で、体操はオリンピック体操競技場のこと。歌詞のとおり、小さなホールで一歩を踏み出した彼らは、時代を代表するスターだけが立つ大舞台でBTSの底力を発揮した

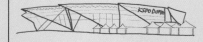

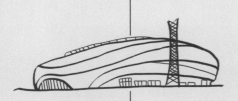

2017

収容人数 約2万人

高尺スカイドーム
（コ チョク）

서울시 구로구 경인로 430
ソウル市 九老区 京仁路430

- 2017 BTS LIVE TRILOGY:EPISODE Ⅲ'THE WINGS TOUR'
- 2017 BTS LIVE TRILOGY:EPISODE Ⅲ'THE WINGS TOUR' THE FINAL

「ワールドスターへの手ごたえを感じたライブ」
北米、東南アジア、オーストラリアなど、19都市40回公演をソールドアウトさせた
「2017 BTS LIVE TRILOGY:EPISODE Ⅲ 'THE WINGS TOUR' THE
FINAL」の初日とフィナーレを飾った高尺スカイドーム。チケットは発売開始と同
時に売り切れ、高まる人気をはっきりと見せつけた

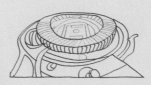

2018

収容人数 約6万人

蚕室総合運動場オリンピック主競技場
（チャムシル）

서울시 송파구 올림픽로 25
ソウル市 松坡区 オリンピック路25

- 2018 BTS WORLD TOUR 'LOVE YOURSELF'
**- 2019 BTS WORLD TOUR'LOVE YOURSELF: SPEAK
YOURSELF' THE FINAL**

「初のヨーロッパツアーへ」
2018年8月にこの場所でスタートしたワールドツアー「LOVE YOURSELF」は、
2019年10月、「BTS WORLD TOUR 'LOVE YOURSELF: SPEAK
YOURSELF' THE FINAL」で幕を閉じた。このツアーで、イギリス、オランダな
ど、初のヨーロッパ進出が実現！

2022

収容人数 約6万人

蚕室総合運動場オリンピック主競技場

서울시 송파구 올림픽로 25
ソウル市 松坡区 オリンピック路25

**2022 BTS PERMISSION TO DANCE ON STAGE–
SEOUL**

「コロナ禍で2年半ぶりの再会」
世界的なパンデミックにより、オンライン動画でしか会うことができ
なかったBTS。2年6か月ぶりに韓国でコンサートを開いたのは、
2022年3月のことだった。観客を1日1万5000人に制限し、声出しと
スタンディングを禁止したコンサートを3日間にわたって開催。歓声
の代わりに応援グッズを使って鳴らす拍手の音が、会場を包んだ

収容人数 約5万3000人

釜山アシアード主競技場

부산시 연제구 월드컵대로 344
釜山市 蓮堤区 ワールドカップ大路344

**2030釜山国際博覧会誘致祈願コンサート
BTS 〈Yet to Come〉in BUSAN**

「海外ファンのために航空便を増便」
釜山国際博覧会の広報大使に就任したBTSは、2022年10月、
「BTS〈Yet to Come〉in BUSAN」を開催した。無料で行われたこ
のコンサートは、スタジアムでの対面とライブストリーミング、TVの生
中継などで全世界229の国・地域に届けられ、BTSを通して世界
の人たちがひとつになった

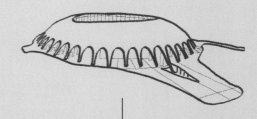

ARMYが創る
「THE PURPLE ROAD」。
紫色に輝くその道は、
未来へと続いている。

→P.116 韓国伝統酒研究所

ソウル
서울

0   0.5   1km   N

①
⑥⑯ セジョル駅
새절역

鍾山駅
증산역
水色駅
수색역

⑥号線
③⑪⑦
弘済駅 ③⑫⑭
홍제역

③号線
西大門区

母岳チェ駅
무악재역

北岳山
三清公園

鞍山

→P.116 韓国伝統酒研究所
한국전통주연구소
ハングクチョントンジュヨンソ

鍾路区

→P.032、071、126 景福宮
경복궁
キョンボックン

安国駅
안국역
③⑮

光化門駅 ③⑤
광화문역
종각역
鍾閣駅 ①③①

②号線

独立門駅 ③⑯
독립문역
奉元寺

→P.036、072 敦義門博物館村
돈의문박물관마을
トニムンパンムルグァンマウル

西大門区
デジタルメディアシティ駅 ⑥⑲⑰
디지털미디어시티역

文化備蓄基地
문화비축기지
ムナビチュッキジ

ソウルワールドカップ競技場 ●

→P.071、126

Allycamera →P.116
엘리카메라
エルリカメラ

ワールドカップ ⑥⑲
競技場駅
월드컵경기장역

加佐駅 ⑥⑱
가좌역

延世大学
연세대학

西大門駅 ③②
서대문역

崇礼門
숭례문
スンニェムン

市庁駅 ①②⑤
시청역

乙支路入口駅 ②④
을지로입구역
明洞駅 ④②
명동역

②号線
③②⑦
会賢駅 ④②⑤
회현역

→P.072 乙支茶房
을지다방
ウルチタバン

N ソウルタワー
Nソウルタワー
南山公園

→P.038、072
梨花 ②③①
女子大学
이화
여자대학

阿峴駅 ②④②
아현역

忠正路駅 ②④③
충정로역

ソウル駅 ①④
서울역

HASH THE WOOD
해쉬더우드
ヘッドトゥウ

→P.117 SILVER KIT HOUSE
실버키트하우스
シルボキトゥハウス

孝昌公園 ●
효창공원

淑大入口駅 ④②⑦
숙대입구역

南営駅 ①③④
남영역

新村駅 ②③④
신촌역

新村村駅 ②③⑤
신촌역

弘大入口駅 ②⑥②⑨
홍대입구역

西江大駅 ②③③
서강대역

エオゲ駅 ②⑤⑩
애오개역

大興駅 ⑥②⑤
대흥역

麻浦区庁駅 ⑥②⑩
마포구청역

麻浦区

ワールドカップ大橋
월드컵대교
ウォルドゥコプテギョ

→P.071、48
望遠駅 ⑥②⑪
망원역

漢江

合井駅 ②⑥②②
합정역

上水駅 ⑥②③
상수역

広興倉駅 ⑥②④
광흥창역

孔徳駅 ②⑤②⑥
공덕역

麻浦駅 ⑤②⑧
마포역

孝昌公園前駅 ⑥②⑧
효창공원앞역

龍山区

新木洞駅 ⑨⑪
신목동역

堂山駅 ②⑨②⑫
당산역

仙遊島駅 ⑨⑫
선유도역

汝矣島漢江公園
여의도한강공원
ヨイドハンガンコンウォン

→P.126

国会議事堂
국회의사당

龍山駅 ①④②
용산역

新龍山駅 ④②
신용산역

三角地駅 ①④⑥④③
삼각지역

緑莎坪駅 ⑥②⑨
녹사평역

→P.072 HYBE
HYBE
バイブ

二村駅 ④②
이촌역

永登浦区庁駅 ②⑤②②
영등포구청역

国会議事堂駅 ⑨⑭
국회의사당역

汝矣ナル駅 ⑤②⑦
여의나루역

→P.073 国立中央博物館
국립중앙박물관
クンニプチュンアンパンムルグァン

西氷庫駅 ④②②
서빙고역

楊坪駅 ②⑤②②
양평역

永登浦駅 ①⑤②⑨
영등포역

永登浦 ②②⑤
市場駅 ②②⑤
영등포시장역

新吉駅 ①⑤②⑨
신길역

汝矣島駅 ⑤②⑨
여의도역

セッカン駅 ⑨②⑤
샛강역

→P.034、073、126 ノドゥル島
노들섬
ノドゥルソム

銅雀大橋

旧盤浦駅 ④②
구반포역

漢江

文来駅 ②⑤②⑤
문래역

①

新道林駅 ①⑤②③⑨
신도림역

②号線

大方駅 ①⑤②③⑨
대방역

新林線

鷺梁津駅 ①⑤②⑧
노량진역

ノドゥル駅 ⑨②⑧
노들역

黒石駅 ⑨②③
흑석역

オリンピック大路

銅雀駅 ④⑨②②
동작역

九老駅 ①⑤②④
구로역

ソウル地方兵務庁駅 ⑤②③
서울지방병무청역

新大方サムゴリ駅 ⑦②④
신대방삼거리역

長承ベギ駅 ⑦②④
장승배기역

上道駅 ⑦②③⑨
상도역

国立墓地
국립묘지

永登浦区

②号線

⑦号線
新豊駅 ⑦②④③
신풍역

ボラメ駅 ⑦②④②
보라매역

ボラメ病院駅 ⑦②④①
보라매병원역

銅雀区

崇実大入口駅 ⑦②③⑧
숭실대입구역

崇実大学 ●
숭실대학

大林駅 ②⑦②④⑨
대림역

ボラメ公園駅 ⑦②⑤⑤
보라매공원역

ボラメ公園
보라매공원

堂谷駅 ⑦②③⑦
당곡역

新大方駅 ⑦②③①
신대방역

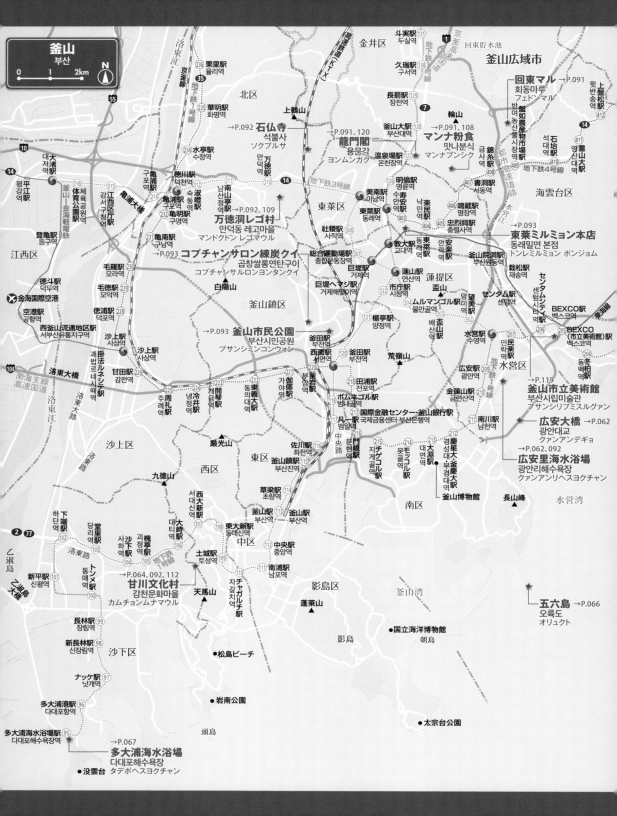

北区

→P.095 南道郷土料理博物館
남도향토음식박물관
ナムドヒャントウムシクバンムルグァン

→P.095 国際高校
국제고등학교
ククチェコドゥンハッキョ

文興JCT 文興IC

●国立光州博物館

●光州
ソロモンパーク

西光州IC

●光州民族博物館

龍鳳IC

●光州市立美術館
●光州ビエンナーレ展示館

●文化近隣公園

東光州IC

●チュンエ公園

●光州文化芸術会館

●東部市場

●マルバウ市場

雲岩市場 ●

●斗岩市場

光州起亜チャンピオンズフィールド ●

光州駅
광주역

●瑞坊市場

日新紡績光州工場●

●テウォン市場

光州総合
バスターミナル

●新世界百貨店

→P.097 青春鉢山村
청춘발산마을
チョンチュンバルサンマウル

良洞市場駅
양동시장역

107

錦南路5街駅 106
금남로5가역

ロッテ百貨店

錦南路4街駅 →P.096
금남로4가역
クムナムノサガヨク

東区

トルゴゲ駅
돌고개역

109

良洞市場

108

109

JOY DANCE&PLUG
IN MUSIC ACADEMY
조이댄스 플러그인 뮤직아카데미
ジョイデンス プルログイン ミュジックアカデミ

105 錦南路4街駅
금남로4가역

地下鉄1号線

110

農城駅
농성역

西区

会花亭
정역

光州公園 ●
→P.096 HOPE WORLD
홈월드
ホブウォルドゥ

南区

●アジア文化殿堂

104 文化殿堂駅
문화전당역

朝鮮大学 ●

光州社稷公園 ●
→P.097、112 楊林洞ペンギン村
양림동 펭귄마을
ヤンニムドン ペンギンマウル

103 南光州駅
남광주역

済州道
제주도

0 3 6km
N

→P.103 梨湖テウ海水浴場
이호테우해수욕장
イホテウヘスヨクチャン

済州海峡

龍頭岩
沙羅峰
三陽ビーチ
恋北亭
咸徳ビーチ

済州国際空港

[1132]

[1132]
MU:IN JEJU →P.103
무인제주
ムインチェジュ

一周西路
[1136]

[1136]

[1136]
一周東路

[1136]

済州市

→P.103、121
Moonsso
문쏘
ムンソ

→P.104
挟才海水浴場
협재해수욕장
ヒョプチェヘスヨクチャン

飛揚島

翰林公園

レッツランパーク済州

トッケビ道路

[1117]

[1117]

観音寺

→P.105
済州ベストヒル
グランピング&ペンション
제주베스트힐글램핑&펜션
チェジュベストゥヒル グレムピン&ペンション

済州石文化公園

[1131]

[1118]

[1136]

[97]

→P.104
思索する庭園
생각하는 정원
センガカヌンチョンウォン

節婦岩

→P.104
幻想の森コッチャワル公園
환상숲곶자왈공원
ファンサンスプコッチャワルコンウォン

サングムブリ（噴火口）

[1112]

松堂牧場

漢拏山国立公園

漢拏山
[1139]

城板岳

[1131]

[1118]

城邑民

[1132]
[1136]
[1120]

[1115]
[1116]
[1135]

→P.105
PODO MUSEUM
포도뮤지엄
ポドミュジオム

済州神話ワールド

→P.105
本態博物館
본태박물관
ポンテパンムルグァン

西帰浦市

[1119]

[1135]

済州彫刻公園
山房山
山房窟寺

安徳渓谷
[1132]
[1139]

大侑ランド

[1115]

[1131]

[1136]

[1118]
[1132]

[1132]

南京味楽
남경미락
ナムギョンミラク

→P.104
中文観光団地
天帝淵滝

西帰浦ワールドカップ競技場

[1136]

仙光寺

下慕ビーチ

松岳山

兄弟島

天地淵滝
ウェドルゲ

正房滝

加波島

虎島

全羅北道
전라북도

0 2.5 5km
N

→P.113 群山紙谷小学校
군산지곡초등학교
クンサンジゴクチョドゥンハッキョ

[709]
[29]
[26]
大野駅
대야역

[21]
群山大学

[21]
[21]

東群

群山空港
[26]

[709]
[744]

群山市

[718]

[21]

[744]
[702]

[711]

④
⑦⑦

→P.114 セマングム干拓地
새만금 간척지
セマングムカンチョクチ

万頃江

西金

防築島

古群山群島

夜味島

[12]

[702]

仙遊島

④
新侍島

串里島

巫女島

[705]

[23]

扶安郡

[711]

⑦⑦

[705]
③⓪
③⓪
扶安IC

飛雁島

慶尚北道
경상북도
0　0.75　1.5km　N

- 城東市場
- 慶州バスターミナル
- 瞻星台
- 五陵
- →P.077 元祖練炭カルビ

→P.100、121
→P.114 **景汀防波堤**
景汀港 방파제
キョンジョンハンバンジェ

→P.100、121 **イェッコウル土俗スンドゥブ**
옛고을토속순두부
イェッコウルトソクスンドゥブ

- 慶州東宮園
- 慶州文化会館1918 (旧・慶州駅)
- 憲德王陵
- 芬皇寺址
- 明活山城
- 皇龍寺址
- 雁鴨池
- **Brown Sugar** →P.100
  브라운슈가
  ブラウンシュガ
- 国立慶州博物館
- 善德女王陵
- 慶州ワールド
- 慶州世界文化エキスポ公園

→P.101 **普門亭**
보문정
ポムンジョン

普門湖

徳洞湖

→P.099 **月精橋**
월정교
ウォルジョンギョ

→P.099 **慶州校村村**
경주교촌마을
キョンジュキョチョンマウル

→P.099 **大陵苑**
대릉원
テルンウォン

- 慶州神文王陵
- 神武王陵

慶州市

→P.101、118 **ソルゴ美術館**
솔거미술관
ソルゴミスルグァン

→P.100 **韓国大衆音楽博物館**
한국대중음악박물관
ハングクテジュンウマクバンムルグァン

- 慶州民俗工芸村

鰕洞湖

- 統一殿

- 南山

→P.101 **仏国寺**
불국사
プルグクサ

右上地図 (慶尚北道 広域図)
0　5　10km　N

- 盈徳IC
- 江口駅 강구역
- 内延山
- 長沙駅 장사역
- 月浦駅 월포역
- 浦項駅 포항역
- 西浦項IC
- 延日IC
- 浦項市
- 良洞民俗村
- 安康駅 안강역
- 西慶州駅 서경주역
- 浦項慶州空港
- 南浦項IC
- 左図
- 慶州市
- 慶州駅 경주역
- 慶州IC
- 東慶州IC

京畿道
경기도
0　7.5　15km　N

→P.077 **元祖練炭カルビ**
원조연탄갈비
ウォンジョヨンタンカルビ

→P.075、115
- 坡州市
- 楊州市

→P.077、121 **タラムジマウルヌルンジペクスク**
다람쥐마을누룽지백숙
タラムジマウルヌルンジペクスク

→P.075、119 **日迎駅**
일영역
イリョンヨク

→P.077 **LIKE LIKE**
라이크라이크
ライクライク

→P.076、109 **一山湖公園**
일산호수공원
イルサンホスコンウォン

→P.076、113 **高陽観光情報センター**
고양관광정보센터
コヤングァングァンチョンボセント

→P.076 **議政府美術図書館**
의정부미술도서관
ウィジョンブミスルトソグァン

→P.079 **汶湖里渡し場**
문호리나루터
ムノリナルト

→P.075、119 **楊州市立チャン・ウクジン美術館**
양주시립장욱진미술관
ヤンジュリプ チャンウクチンミスルグァン

→P.079、120 **ユリネ筏橋ハイガイ定食**
유리네벌교꼬막정식
ユリネボルギョコマクチョンシク

→P.079 **西厚里の森**
서후리숲
ソフリスプ

→P.080、115 **京畿未来教育 楊平キャンパス**
경기미래교육 양평캠퍼스
キョンギミレキョユク ヤンピョンケムポス

→P.080、119 **イ・ジェヒョギャラリー**
이재효갤러리
イジェヒョゲルラリ

→P.080 **九屯駅**
구둔역
クドゥンヨク

→P.080 **九屯ステイ**
구둔스테이
クドゥンステイ

→P.081 **チャン・ウクジン古宅**
장욱진고택
チャンウクチンコテク

→P.081 **エバーランド**
에버랜드
エボレンドゥ

→P.081、114 **龍仁大長今パーク**
용인대장금파크
ヨンインテジャングム パク

- 議政府市
- 鉄馬山
- 南楊州市
- 雲吉山
- 高陽市
- 幸信駅 행신역
- 清涼里駅 청량리역
- 상봉역
- 北漢山
- 金浦市
- 金浦国際空港
- ソウル特別市
- ソウル駅 서울역
- 龍山駅 용산역
- 河南市
- 礼峯山
- 豊川駅
- 仁川国際空港
- 仁川広域市
- 光明市
- 冠岳山
- 果川市
- ソウル大公園
- 光明駅 광명역
- 安養市
- 南漢山城
- 水西駅 수서역
- 南漢山城
- 広州市
- 京畿道
- 八堂湖
- 松島国際都市
- 始興市
- 安山市
- 軍浦市
- 義王市
- 八堂湖
- 驪州市
- 西驪州駅 서원주역
- 万鍾駅 만종역
- 利川市
- 夫鉢駅 부발역
- 水原市
- 龍仁市
- 華城市
- 東灘駅 동탄역
- 烏山市
- 加南駅 가남역
- 甘谷長湖院駅 강곡장호원역
- 霊興島
- 大阜島
- 兄山江
- 江華島

STAFF
装丁　　　西垂水敦　内田裕乃(krran)
本文DTP　株式会社RUHIA
地図制作　尾崎健一
校正　　　文字工房 燦光、韓興鉄(コーディネートワン・インターナショナル)
翻訳協力　德田晴子
編集協力　水科哲哉(INFINI JAPAN PROJECT LTD.)

訳者略歴
桑畑優香(くわはたゆか)
翻訳家・ライター。「ニュースステーション」ディレクターを経てフリーに。ドラマ・映画のレビューやK-POPアーティストへのインタビューを中心に『AERA』『mi-mollet』『MOVIE WALKER PRESS』『Yahoo! ニュース エキスパート』などに寄稿・翻訳。訳書に『BTSを読む なぜ世界を夢中にさせるのか』(柏書房)、『BTSとARMY わたしたちは連帯する』(イースト・プレス)、『家にいるのに家に帰りたい』(辰巳出版)、監訳書に『BEYOND THE STORY ビヨンド・ザ・ストーリー:10-YEAR RECORD OF BTS』(新潮社)など。

THE PURPLE ROAD
ざ　ぱーぷる　ろーど

練習生時代の思い出の場所から、
れんしゅうせいじだい　おも　で　ばしょ
ミュージックビデオの撮影地まで
さつえいち

2024年3月14日 初版発行

著　者　イ・ソンジョン、チョン・サンミ、キム・ウナ、
　　　　パク・ソユン、カン・ウンヨン、ユン・ジェナ
訳　　　桑畑優香
　　　　くわはたゆか

発行者　山下 直久
発　行　株式会社KADOKAWA
　　　　〒102-8177　東京都千代田区富士見2-13-3
　　　　電話0570-002-301(ナビダイヤル)
印刷所　TOPPAN株式会社
製本所　TOPPAN株式会社

本書の無断複製(コピー、スキャン、デジタル化等)並びに無断複製物の譲渡および配信は、著作権法上での例外を除き禁じられています。また、本書を代行業者等の第三者に依頼して複製する行為は、たとえ個人や家庭内での利用であっても一切認められておりません。

●お問い合わせ
https://www.kadokawa.co.jp/
(「お問い合わせ」へお進みください)
※内容によっては、お答えできない場合があります。
※サポートは日本国内のみとさせていただきます。
※Japanese text only

定価はカバーに表示してあります。
©yuka kuwahata 2024 Printed in Japan
ISBN 978-4-04-683299-3 C0026